JN411884

사도행전 산책 ❷

교회의 시련과 성장

교회의 시련과 성장

2025년 10월 2일 교회인가
2026년 1월 28일 1판 1쇄 인쇄
2026년 2월 3일 1판 1쇄 발행

지은이 | 송봉모
펴낸이 | 이은아
펴낸곳 | 바오로딸

01166 서울 강북구 오현로7길 34
등록 | 제7-5호 1964년 10월 15일
전화 | 02) 944-0800 팩스 | 987-5275

취급처 | 중앙보급소
전화 | 02) 984-3611 팩스 | 984-3612

값 18,000원

이메일 | edit@pauline.or.kr
인터넷 서점 | www.pauline.or.kr 02) 944-0944
ISBN 978-89-331-1597-8 04230
ISBN 978-89-331-1570-1 04230(세트)

이 책에는 을유1945체를 사용했습니다.

사도행전 산책 ❷

교회의 시련과 성장

사도행전 3—5장

송봉모 지음

우리는 이 일의 증인입니다
하느님께서 당신께 순종하는 이들에게 주신
성령도 증인이십니다

사도 5,32

차례

글을 시작하며

이 책은 '사도행전 산책' 시리즈의 두 번째 책이다. 첫 번째 책 「교회의 탄생」이 오순절 성령강림으로 탄생한 교회가 공동체를 이루는 과정과 당시의 문화적·정치적·사회적 배경을 다루었다면, 「교회의 시련과 성장」은 사도들이 성령의 현존과 능력에 힘입어 담대하게 복음을 증거하면서 예루살렘 교회가 급속히 성장해 가는 가운데 겪는 박해와 시련을 다룬다.

초대교회 역사 안에서 교회 공동체는 끊임없이 안팎으로 박해와 시련을 마주해야 했으며, 실제로 사도행전 전체 28장 가운데 1-3장을 제외한 모든 장에 '박해'란 단어가 나오거나 박해와 관련된 주제가 등장한다. 사도들은 회당에서 유다인들과 논쟁하기도 했고, 주님에 대한 신앙을 고백하다가 끌려가 매질을 당하거나 감옥에 갇히기도 했으며, 최고 의회는 물론 헤로데 임금을 비롯한 권력자들과 유다인들에게 모함을 당하는 등 쉴 새 없는 고난에 시달리면서도, 오히려 기뻐하며 힘차게 말씀을 선포한다.

「교회의 시련과 성장」에서는 초대교회가 어떻게 순결한 신앙을 보존하며 주님을 온전히 따를 수 있었는지, 온갖 박해와 공동체 내부의 시련을 어떻게 함께 극복해 나갈 수 있었는지 살펴볼 것이다. 초대교회 공동체가 보여준 신앙과 삶의 모습은 오늘날 그리스도인으로 살아가는 우리가 마주하는 여러 상황에 관한 깊은 성찰로 초대할 것이며, 갖가지 도전과 시련 속에서도 굳건하게 앞으로 나아갈 수 있는 비결을 일러줄 것이다.

✳

• 1장 •

베드로의 병자 치유와 복음 선포

1

성전에 기도하러 올라가는 베드로와 요한

베드로와 요한이 오후 세 시 기도 시간에 성전으로 올라가는데, 모태에서부터 불구자였던 사람 하나가 들려왔다. 성전에 들어가는 이들에게 자선을 청할 수 있도록, 사람들이 그를 날마다 '아름다운 문'이라고 하는 성전 문 곁에 들어다 놓았던 것이다. 그가 성전에 들어가려는 베드로와 요한을 보고 자선을 청하였다. 사도 3,1-3

베드로와 요한이 함께

왜 베드로는 홀로 행동하지 않고 요한과 함께 움직였을까? 사도행전 3장을 읽다 보면, 모태에서부터 불구였던 사람을 고쳐준 이도, 치유의 기적을 목격하고 몰려든 이들에게 복음을 선포한 이도 모두 베드로임을 알 수 있다. 그런데 성경 본문에는 늘 '베드로와 요한'이 함께했다고 한다. 이후에도 베드로는 요한과 함께 감옥에 갇히고, 최고 의회에서 재판도 받는다.사도 4,13.19 참조 또 사마리아인들이 필리포스의 복음 선포로 신자가 되었다는 소식이 전해지자 베드로는 요한과 함께 사마리아로 파견되어, 사마리아 사람들이 성령을 받을 수 있도록 같이 기도해 준다.사도 8,14 참조

베드로가 요한과 늘 함께했던 이유는, 증언하는 내용이 신빙성을 얻으려면 적어도 두 사람 이상의 증언이 필요하다는 율법 규정신명 19,15 참조에 따른 것이다.[1] 무엇보다도 예수님께서 사도들을 둘씩 짝지어 파견하셨음마르 6,7 참조에 근거한 행동이기도 하다.

오후 세 시 기도 시간에 성전으로 올라가는데

유다인들의 일상적인 기도는 예루살렘 성전에서 매일 두 차례 봉헌되는 희생 제사와 밀접하게 연결되어 있었다. 아침 희생 제사는 해가 뜰 무렵 시작하여 오전 아홉 시에 끝났고, 저녁 희생 제사는 오후 세 시에 시작하여서 해 질 무렵에 끝났다.

본문에서 언급된 '오후 세 시 기도 시간'은 바로 이 저녁 희생 제사가 시작되는 시각을 가리킨다. 다시 말해 제사가 봉헌되는 동안 드리는 기도 시간이다. 이 시간에는 예루살렘에 거주하는 주민들과 순례를 온 이들이 모두 성전의 희생 제사 예식에 참석하며 함

께 기도했다.

베드로와 요한이 예루살렘 성전에 올라간 것도, 단순히 개인적인 신앙 행위를 넘어 유다인 신앙 공동체의 중요한 기도에 참여하기 위한 것이었다.[2]

본문의 '올라가는데'에 사용된 그리스어 동사의 시제는 이 행위가 우연이 아님을, 그들이 경건한 유다인으로서 평소에도 늘 해오던 신앙 행위였음을 증언한다. 베드로와 요한뿐만 아니라, 초대 예루살렘 교회의 모든 신자가 유다교의 신앙 전통을 지속적으로 이어갔다. 그들은 다른 유다인들과 마찬가지로 정해진 시간에 기도를 했고, 안식일마다 회당에 가서 예배를 드렸다.

이 시기의 사도들과 신자들은 자신들의 신앙을 유다교와 별개인 새로운 종교로 여기지 않았다. 오히려 그들은 예수 그리스도를 통해 구약의 예언이 성취되었다고 믿었다.

한편 당시 예수님을 메시아로 받아들이지 않았던 유다인들은 초기 그리스도교인들을 유다교의 여러 분파, 곧 바리사이파, 사두가이파, 에세네파에 이어 생긴 '나자렛 분파'라고 생각했다.

기원후 30년에서 60년 사이 곧 사도행전이 들려주고 있는 이야기들의 배경이 되는 시기에, 그리스도교와 유다교는 신학적으로

나 사회적으로나 명확히 구별되는 두 개의 실체로 존재하지 않았다.[3] 그리스도교가 당시에 유다교의 한 분파로 간주되었음을 드러내는 사도행전 구절도 여럿이다.사도 24,5.14; 28,22 참조

'사도행전 산책' 시리즈의 첫 번째 책을 아직 읽지 못한 독자라면 이런 질문이 떠오를 수 있다. '그렇다면 사도들과 초대교회 성도들은 미사를 비롯한 그리스도교 고유의 신앙생활을 하지 않았던 것인가?'

그렇지 않다. 사도들과 성도들은 유다교의 신앙 전통을 충실히 지키는 한편, 그리스도교 고유의 신앙생활도 병행했다. 이 사실은 사도행전에 잘 드러나 있다.

> 날마다 [사도들과 성도들]은 한마음으로 성전에 열심히 모이고 이 집 저 집에서 빵을 떼었으며…. 2,46-47_필자 직역

'성전에 모인 것'은 유다교 예배에 충실히 참여하기 위함이었고, '이 집 저 집에서 빵을 떼었다'라는 표현은 가정교회에서 성체성사, 곧 미사를 봉헌하기 위해서였다. 초대교회 시절 '빵을 떼어냄' 또는 '빵을 쪼갬'이라는 표현은 성체성사를 가리키는 용어로 사용되었다.20,7 참조

언제부터 그리스도교는 유다교로부터 완전히 독립된 종교가 되었는가?

「교회의 탄생」에서 언급했듯이, 베드로를 비롯한 사도들은 자신들의 신앙 공동체를 '그리스도교'라고 부르지 않고 '그 길'이라 불렀다. '그리스도인'과 '그리스도교'라는 용어는 기원후 1세기 바르나바와 바오로 사도가 안티오키아에서 교회 신자들을 만나며 수많은 사람들을 가르쳤던 시기에 생겨난 것이다.11,26 참조 나자렛의 예수를 메시아로 고백하는 종교를 가리키는 '그리스도교'가 유다교에서 분리된 시점은 기원후 1세기 말에 열렸던 얌니아 회의 이후다.

기원후 85년에서 90년 사이, 바리사이파 라삐들이 율법의 순수성을 보존하고자 하는 취지로 얌니아에 모였다.[4] 유다인들을 결속시켰던 예루살렘의 성전이 기원후 70년에 완전히 파괴되면서 더 이상 성전을 중심으로 한 신앙생활이 불가능해진 상황이었기에, 회당과 성경을 중심으로 유다교를 재정립할 필요를 느꼈던 유다인들은, '나자렛 당원들'이 율법의 순수한 정신을 훼손시키고 있다는 이유로 그들을 유다교 회당에서 추방하기로 결정한다. 그로 말미암아 유다교 출신의 그리스도인들은 더는 자신들의 정체성을 유다교의 한 분파로 여기지 않게 되었고, 그동안 병행해 왔던 유다교 예배도 더 이상 참여하지 않거나 수정하여 거행했다. 예를 들면, 유다교 전통을 준수하던 시기에는 월요일과 목요일에 단식했으나 유다교에서 완전히 분리된 다음부터는 수요일과 금요일에 단식했다. 1세기 문헌 「디다케 - 열두 사도를 통해 주신 주님의 가르침」에는 이렇게 기록되어 있다.

> 위선자들과 함께 단식을 하지 마십시오. 그들은 주간의 둘째 날(월요일)과 다섯째 날(목요일)에 단식하니, 여러분은 주간 넷째 날(수요일)과 준비일에 하십시오.[5]

이 본문에서 '위선자'들은 예수님을 주님으로 인정하지 않는 유다인들을, '준비일'은 안식일 준비일인 금요일을 가리킨다.

1세기 말부터 그리스도인들이 금요일에 단식한 것은 그날이 예수님께서 인류의 죄를 짊어지고 십자가에서 돌아가신 날임을 기억하기 위해서였고, 수요일에 단식한 것은 그날 주님께서 유다에게 배반당하셨음을 기억하기 위해서였다.

얌니아 회의에서 유다인들은 회당에서 그리스도인들을 추방하기로 결정했을 뿐 아니라, 자신들이 하루에 세 번 바치던 기도문('아미다' 또는 '열여덟 가지 축복기도'라고 불렸음) 중간에 다음과 같이 그리스도인들을 저주하는 말을 삽입한다.

배교자들에게는 소망이 없게 하시고, 교만한 나라는 우리 세대에 뿌리 뽑히게 하소서. 나자렛 당원들과 이단자들은 쓰러지게 하시고, 생명책에서 지워지게 하시며, 그들의 이름이 의인들과 함께 기록되지 않게 하소서. 교만한 자들을 겸손케 하시는 주님, 당신을 찬양합니다.

제1차 세계대전 직전 헝가리에서 있었던 일이다. 한 지방 행정관이 유다인들이 그리스도인들에게 저주가 내리도록 기도한다는 사실을 듣고는 그 지역에서 영향력이 큰 라삐를 불러 그러한 기도를 해서는 안 된다고 주의를 주었다. 그러자 그 라삐는 태연하게 대답했다. "행정관님, 그 저주의 기도를 그대로 하게 놔두셔도 별일 없을 겁니다. 왜냐하면 우리는 이천 년이 넘도록 그 기도를 바쳐왔지만 오늘날까지 아무 효험이 없으니까요."

모태에서부터 불구였던 사람

루카는 베드로에게 치유를 받게 될 사람에 대해 상세한 정보를 제공하고 있다. 그가 '모태에서부터 불구'였다는 것, 사람들이 그를 성전 문 곁에 '날마다' 데려다 놓았다는 것, 그리고 그가 있던 장소는 예루살렘 성전에 있는 여러 개의 문 가운데 '아름다운 문'이라는 것 등이다. 이는 전승을 통해 루카가 확보하고 있던 사료의 내용이 비교적 구체적이었음을 뜻한다.

그렇다 해도 '모태에서부터 불구였던 사람'이라는 표현만으로는 그의 상태를 정확히 알기는 어렵다. 그가 전혀 몸을 움직일 수 없는 전신마비였다는 말인지, 신체의 일부분을 움직이지 못하는 불구였는지 알 수 없다. 그리스말 성경에서는 그가 모태에서부터 콜로스χωλός였다고 전한다. 콜로스는 발이나 발목 또는 무릎이나 엉덩이 등 하체의 일부분이 마비된 사람을 가리키는 단어다.[6] 그런데 이 사람을 다른 이들이 성전 문 앞에 데려다 놓았다는 것을 보면, 그의 하체가 완전히 마비된 것은 아니라 해도 혼자서는 거동이 어려운 상태였음을 알 수 있다.

자선을 청할 수 있도록 … 성전 문 곁에

성전 앞에 구걸하는 이가 많았던 이유는 적선을 받을 확률이 컸기 때문이다. 사람들은 하느님 앞에서 회개하고자 성전에 왔으며, 참된 회개는 그 열매가 동반되어야 했다. 하느님께서 아시리아의 수도 니네베 성을 무너뜨리지 않은 것은, 그곳 사람들이 단순히 회개했기 때문이 아니라 "못된 행실을 버리고 돌아서는 것을" 요나 3,10_공동번역 성서 보셨기 때문이다.[7] 유다 전통은 자선 행위를 회개의 열매로 간주했다. 하느님 앞에서 자신의 죄를 뉘우치고 회개해서 하느님과 올바른 관계를 회복한 사람은, 자선을 행함으로써 이웃과도 바른 관계를 맺어야 한다는 것이었다.

아름다운 문

예루살렘 성전을 둘러싼 성벽은 두 겹으로 이루어져 있었다. 바깥쪽 성벽은 예루살렘 도시와 성전을 구분하기 위해 세워졌으며, 이 외부 성벽에는 모두 열 개의 성문이 있었다. 어느 성문으로 들어가든 '이방인의 뜰'이라 불리는 넓은 성전 뜰로 통했다. 그렇게 부른 이유는 이방인들도 출입할 수 있었기 때문이다. 그 뜰에는 주로 환전상들과 희생 제사에 쓰일 짐승을 파는 상인들이 자리를 잡고 있었다.

이방인의 뜰에서 성전 내부로 들어가는 니카노르 문을 지나면, 오른편에는 '여인의 뜰'이, 왼편에는 유다인 남성들을 위한 '이스라엘의 뜰'이 있었다. 이스라엘의 뜰을 지나 더 안쪽으로 들어가면 '사제의 뜰'이 나오는데, 이곳은 오직 사제들만 들어갈 수 있었다. 그곳에는 제단이 있었으며, 그 안쪽에는 성전에서 가장 신성한 공간인 '지성소'가 자리하고 있었다. 지성소는 하느님께서 계신다고 믿었던 곳이며, 그 누구도 함부로 들어갈 수 없었고 오직 대사제만 일 년에 한 번 그것도 속죄의 날에만 들어갈 수 있었다.

루카는 태생 불구자가 구걸했던 장소가 '아름다운 문'이라고 전하고 있는데, 과연 그 문이 외부 성벽에 있던 문들 가운데 하나인지 또는 내부 성벽에 있던 문인지 안타깝게도 정확히 알려진 바가 없다. 1세가 유다 역사가 요세푸스의 기록과 고대 이스라엘의 다른 문헌들에도 아름다운 문에 대한 언급은 없다.

모태에서부터 불구였던 사람이 성문 근처에서 구걸했다고 막연하게 말하지 않고 굳이 '아름다운 문' 곁에 앉아 구걸했다고 표현한 것은, 루카가 그 문의 중요성을 강조하기 위해서였다기보다 자신이 전해받은 사료를 그대로 반영한 것으로 보인다.

2

베드로의 병자 치유

그가 성전에 들어가려는 베드로와 요한을 보고 자선을 청하였다. 베드로는 요한과 함께 그를 유심히 바라보고 나서, "우리를 보시오" 하고 말하였다. 그가 무엇인가를 얻으리라고 기대하며 그들을 쳐다보는데, 베드로가 말하였다. "나는 은도 금도 없습니다. 그러나 내가 가진 것을 당신에게 주겠습니다. 나자렛 사람 예수 그리스도의 이름으로 말합니다. 일어나 걸으시오." 그러면서 그의 오른손을 잡아 일으켰다. 그러자 그가 즉시 발과 발목이 튼튼해져서 벌떡 일어나 걸었다. 사도 3,3-8

사도들의 말을 들은 사람들 가운데 많은 이가 믿게 되어, 장정만도 그 수가 오천 명가량이나 되었다. 4,4

오천 명의 새 신자들을 만든 치유 기적

사도행전 2장에 따르면, 베드로 사도는 성령께서 주시는 지혜의 능력을 받아 한 번에 삼천여 명에게 복음을 선포하고 세례를 베풀었다. 이어서 3장에서는 베드로가 성령의 치유 능력을 입어 태어날 때부터 걷지 못한 병자를 고치는 기적을 행한다. 이 놀라운 치유 기적을 통해 약 오천 명의 사람들이 복음을 받아들이고 세례를 받게 되는데, 이 치유 기적은 베드로와 동료 사도들이 행한 수많은 치유 기적 가운데 하나다.

> 사도들을 통하여 많은 이적과 표징이 일어나므로 사람들은 저마다 두려움에 사로잡혔다. 사도 2,43

루카는 사도들이 행한 많은 기적 가운데 이 치유 기적 하나만을 소개한다. 그는 자신의 저술 목적, 곧 초대교회의 성장과 확장을 알리는 데 부합하는 사료들을 선별해서 사용했는데, 특별히 이 치유 기적을 선택한 이유는 그것을 통해 오천 명가량의 사람들이 그리스도교 신자가 되었기 때문인 것 같다.

성경에는 "장정만도 그 수가 오천 명가량이나 되었다"4,4라고 되어 있기에, 여자와 아이들까지 포함하여 적어도 만 명 넘는 이들이 새롭게 교회 안에 들어왔을 것으로 생각할 수도 있다. '장정'

은 '남자'로도 해석할 수 있는데, 고대 사회에서 '남자'라는 단어는 남자와 여자 모두를 가리키는 표현이었다. 마치 바오로 서간에서 자주 등장하는 '형제 여러분'이 실제로는 '형제자매 여러분'의 의미를 가지는 것과 같은 맥락이다. 로마 7,1; 8,12; 1코린 1,10; 2,1 참조

우리를 보시오

대개 사람들은 걸인과 눈을 마주치려 하지 않는다. 그런데 베드로는 구걸하는 이를 유심히 바라본다. '착한 사마리아인의 비유'에서 사마리아인이 강도를 만나 초주검이 된 사람을 유심히 바라보며 가엾이 여겼듯이 루카 10,33 참조 베드로도 구걸하던 사람을 가엾이 여긴다.[8]

베드로는 모태에서부터 불구였던 그에게 "우리를 보시오" 사도 3,4 라고 한다. 이 말에는 마치 자석처럼 그를 끌어당기는 힘이 있었기에 그의 고개를 들게 했고 마음에도 희망의 불씨를 지폈을 것이다. 거리에서 구걸하는 사람에게 그저 말없이 푼돈을 던져주는 사람들은 많았어도, 베드로처럼 말을 건네는 경우는 드물었기 때문이다.

베드로가 그에게 '우리를 보시오'라고 말한 것은 그를 치유하기 위해 먼저 그의 마음을 준비시키려는 의도였다. 태어날 때부터 불

구였던 사람이 치유를 받으려면 고개를 숙이고만 있어서는 안 되었다. 베드로가 섬기는 주님을 바라보아야 했던 것이다. 비참한 상황에 처해 있다고 해서 그저 웅크리고 앉아 땅만 바라보거나 자기 자신 안에만 함몰되어 있으면, 기적이 일어나기 어렵다. 시편 저자는 이렇게 노래한다.

> 산들을 향하여 내 눈을 드네. 내 도움은 어디서 오리오? 내 도움은 주님에게서 오리니 하늘과 땅을 만드신 분이시다. 시편 121,1-2

여기에서 중요한 것은 '눈을 든다'는 것이다. 눈을 든다는 것은 만사를 아름답게 이끄시는 하느님을 바라보는 행위다.

근심과 불안, 두려움, 우울, 무기력 등으로 말미암아 고개를 숙이고 사는 사람들이 갈수록 늘어나는 시대다. 그것은 어쩌면 우리가 통제할 수 없는 상황이 그만큼 많다는 뜻이기도 하다.

제2차 세계대전 당시 전투기 조종사들의 생존 확률은 군인들 가운데 가장 낮았다고 한다. 출격에 나섰던 조종사들의 절반은 살아 돌아오지 못했다. 반면 보병들의 실제 생존 확률은 전투기 조종사들보다 훨씬 높았다. 그런데 역설적으로, 전투에 투입된 군인들 가운데 정서적 스트레스 지수가 가장 높았던 이들은 전투기 조종사들이 아니라 보병들이었다. 그 현상을 분석한 심리학자들

에 따르면, '자신이 상황을 주도하고 있다고 느끼는 정도'가 스트레스 지수에 영향을 주었을 것이라고 한다. 조종사들은 직접 자기 손으로 전투기의 조종간을 움직이며 자기 목숨이 자신의 판단에 달려있다고 여겼지만, 보병들은 끊임없이 날아드는 폭탄과 언제 어디서 당하게 될지 모르는 기관총 사격의 위협에 노출되었기에 늘 불안과 공포에 휩싸여 있었고 어느 것 하나 자신이 통제할 수 없다고 느꼈기에 극심한 무력감에 빠져있었다는 것이다. 물론 군인들의 생존 확률은 전장의 물리적 조건에도 영향받았지만, 그들의 내적 평온은 주어진 상황을 스스로 주도할 수 있다는 느낌에 좌우되었다.[9]

사람들이 전자책을 주문하면 아마존은 독자가 책의 어떤 문장에 밑줄을 긋는지 파악할 수 있다. 수년 전 아마존은 7년간의 데

이터를 정리해서 가장 많은 밑줄이 그어진 문장을 발표했다.

인생에서 감당하지 못할 일이 일어나기 마련이지.

'인생에서 감당하지 못할 일'이란 표현은 삶에서 우리 힘을 벗어난 상황을 의미할 것이다. 예를 들면, 건강검진에서 뜻밖에도 이상 소견이 나와 정밀검사를 기다리는 사람 또는 은퇴 후 여행과 맛집 탐방을 기획하고 꿈에 부풀어 있다가 갑자기 쓰러져 병상에 누워만 있게 된 사람이라면 그 표현에 크게 공감할 것이다.

실제로 우리 삶은 우리가 어찌할 수 없는 크고 작은 일들로 가득 차있다. 우리 마음대로 되지 않는 자녀들, 배우자, 직장 동료, 불안한 사회…. 그럴 때 고개를 들어 주님을 바라보자. 주님을 바라본다는 것은 그분이 모든 일에 절대적 주권을 갖고 계신 분임을 고백하는 행위며, 비록 상황이 우리가 바라는 대로 되지 않을지라도 지극히 선하신 그분께서 우리를 끝까지 돌보신다는 것을 믿고 그분의 손에 모든 것을 온전히 내어 맡기는 것이다.

나는 은도 금도 없습니다

베드로 사도가 저녁 기도를 하기 위해서 성전으로 올라가다가 발길을 멈추고 병자를 치유한다. 치유 행위는 스승이신 주님께서 그에게 부여한 사명이었기 때문이다. 예수님은 공생활 때 베드로를 포함한 열두 사도를 파견하시며, 복음을 선포하고 병자들을 치유하라는 사명을 주셨다.마태 10,1; 마르 3,14 참조 그뿐 아니라 주님께서는 부활하신 뒤에도 사도들에게 복음 선포를 명하셨는데 그때도 병자들을 치유해 주라고 당부하셨다.마르 16,18 참조

> 베드로가 말하였다. "나는 은도 금도 없습니다. 그러나 내가 가진 것을 당신에게 주겠습니다. 나자렛 사람 예수 그리스도의 이름으로 말합니다. 일어나 걸으시오." 그러면서 그의 오른손을 잡아 일으켰다. 사도 3,6-7

베드로가 자기 수중에 "은도 금도 없습니다"3,6라고 한 것은 단지 수사학적 표현이 아니었다. 실제로 자신은 은도 금도 가지고 있지 않다고 한 말이다. 베드로는 교회의 재물을 관리하는 수장이었지만, 그것을 개인적으로 소유하지도, 사용하지도 않았음을 알 수 있는 표현이다.[10]

예수님은 일찍이 베드로를 비롯한 열두 사도들을 파견하실 때 "전대에 금도 은도 구리 돈도 지니지 마라"마태 10,9 하고 명하셨다. 그래서 사도들은 결코 재물에 의존하여 복음을 전하지 않았고, 오직 예수님의 능력에 의존하여 복음을 전했다.

토마스 아퀴나스 성인이 어느 추기경과 함께 로마 거리를 걷다가 한 걸인을 만나게 되었다. 추기경은 주머니에서 은화 하나를 꺼

내 그에게 주면서 말했다. "여보게, 토마스, 얼마나 다행인가. 우리는 더 이상 베드로 사도처럼 '내게는 은과 금이 없소'라고 말하지 않아도 되니." 이 말을 듣고 성인은 다음과 같이 말했다고 한다.

> 맞습니다. 추기경님, 우리는 더 이상 '내게는 은과 금이 없소'라고 할 필요가 없습니다. 하지만 우리는 이제 '나자렛 사람 예수 그리스도의 이름으로 일어나 걸어가시오'라고도 할 수 없게 되었습니다. 오늘날 우리 교회는 은으로 촛대를 만들고 금으로 기둥을 세우며 대리석으로 바닥을 깔아 하느님의 집을 짓고 있지만, 나자렛 예수 그리스도의 이름을 통한 능력은 잃어버렸습니다.[11]

교회의 재산목록 1호는 예수 그리스도이다. 하지만 오늘날 우리 교회가 세상의 것들을 우선시하며 재산목록 1호로 삼고 있지는 않는지 자문해 볼 일이다.

내가 가진 것을 당신에게 주겠습니다

베드로는 불구자에게 자신이 가진 것을 주겠다고 선언한다. 그렇다면 구체적으로 무엇을 주겠다는 것일까? 언뜻 보면, 베드로가 받은 치유의 은사를 불구자에게 주겠다는 의미로 이해할 수 있다. 그러나 베드로가 치유의 은사를 직접 그 병자에게 '전달'할 수 있는 것은 아니다. 베드로는 주님에게 받은 치유의 은사로 병자를 고칠 수는 있지만, 그 은사 자체를 넘겨줄 수는 없다.

베드로가 말한 '내가 가진 것'은 그리스도 예수님에 대한 신앙이다. 그는 자신의 신앙을 불구자에게 전해주려 했고, 불구자는 그 신앙을 받아들임으로써 병을 치유받았을 뿐 아니라 영혼의 구원까지 얻게 되었다.

자신이 가진 바를 주겠다는 베드로의 선언은 우리에게 두 가지 중요한 사실을 일깨워 준다. 첫째, 우리가 다른 사람에게 무언가를 주기 위해서는 먼저 무엇인가를 가지고 있어야 한다는 것이다. 우리가 갖고 있지 않은 것은 남에게 줄 수도, 요구할 수도 없다. 예를 들어 자신은 게으르면서 자녀에게 근면을 요구할 수 없고, 자신이 법규를 지키지 않으면서 자녀에게 올곧게 행동하라고 강요할 수 없다. 둘째, 하느님이 우리에게 무언가를 주셨다면, 그것은 나 혼자만을 위한 것이 아니라 다른 이들과 나누며 주님께 영광을 돌리라는 뜻임을 기억해야 한다.

예수 그리스도의 이름으로 = 예수 그리스도의 힘으로

유다인들은 이름에 그 사람의 성품, 권위와 함께 힘까지 담겨있다고 믿었다. 최고 의회가 베드로와 요한을 신문할 때도 "무슨 힘으로, 누구의 이름으로 그런 일을 하였소?" 사도 4,7라고 묻는다. 사람이 가진 이름이 그가 가진 힘과 같은 의미로 쓰이고 있는 것이다. 따라서 베드로가 태어날 때부터 불구였던 사람에게 "예수 그리스도의 이름으로 … 일어나 걸으시오" 3,6라고 명한 것은 곧 '예수 그리스도의 힘으로 일어나 걸으시오'라고 명한 것이나 다름없다. 예수 그리스도의 힘은 죽음에서 부활하시고 영광을 입으신 분의 힘이다.

베드로가 그랬듯이 오늘날에도 교회 안에서 치유의 은사를 받은 봉사자들이 병자들을 치유할 때 '예수님의 이름으로'라고 선언한다. 이는 치유 봉사자가 자신의 능력이 아니라 예수님의 능력으로 병자를 치유한다는 사실을 분명히 드러내는 것이다. 만일 치유 봉사자가 그것을 잊고 자신의 영광을 드러내려 한다면 어떻게 될까? 예수님의 이름으로 예언을 하고 기적을 행했다고 하면서, 정작 모든 영광은 자신에게 돌리는 이들을 향해 주님께서 하시는 말씀을 들어보자.

> 그날에 많은 사람이 나에게, '주님, 주님! 저희가 주님의 이름으로 예언을 하고, 주님의 이름으로 마귀를 쫓아내고, 주님의 이름으로 많은 기적을 일으키지 않았습니까?' 하고 말할 것이다. 그때에 나는 그들에게, '나는 너희를 도무지 알지 못한다. 내게서 물러들 가라, 불법을 일삼는 자들아!' 하고 선언할 것이다. 마태 7,22-23

예수님께서 그런 이들을 꾸짖으시는 이유는, 사람을 구원하는 주체는 주님이시고 자신들은 그저 구원 사업의 도구일 뿐이란 사실을 망각했기 때문이다. 또한 치유받는 사람 편에서도 자기를 치유한 이는 봉사자가 아니라 바로 주님이심을 분명히 알아야 한다. 사람을 치유하는 힘은 예수 그리스도에게서 오는 것이다.[12]

구원보다 더 귀한 선물은 없다

불구자가 베드로에게 청한 것은 불과 돈 몇 푼이었지만, 그는 베드로를 통해 그가 원했던 것과는 비교도 할 수 없는 소중한 선물을 받는다.

"그분의 이름이 여러분이 지금 보고 또 아는 이 사람을 튼튼하게 하였습니다"사도 3,16에서 '튼튼하게 하였습니다'를 직역하면 '온전함을 주었습니다'가 된다. '온전함'이라는 의미의 그리스말 홀로클레리아ὁλοκληρία를 쓴 것은, 모태에서부터 불구였던 이 사람이 몸의 건강은 물론 영혼의 건강까지 회복했기 때문이다. 다시 말해 온전한 구원의 선물을 받은 것이다. 이는 베드로가 이 치유 사건으로 말미암아 최고 의회에 끌려가 신문을 받을 때 한 증언에서 더 명확해진다.

백성의 지도자들과 원로 여러분, 우리가 병든 사람에게 착한 일을 한 사실과 이 사람이 어떻게 구원받았는가 하는 문제로 오늘 신문을 받는 것이라면, 여러분 모두와 온 이스라엘 백성은 이것을 알아야 합니다. 사도 4,8-10

베드로는 유다의 종교 지도자들에게 태생 불구자가 '치유되었다'가 아니라 '구원받았다'라는 표현을 사용한다. 이는 예수님이 병자들을 치유하신 뒤에 "네 믿음이 너를 구원하였다"마르 5,34; 10,52; 루카 17,19 하신 말씀과도 일치한다. 베드로가 그 표현을 사용한 것은, 예수님의 이름으로 행해지는 치유가 단지 육신을 낫게 하는 일에 그치지 않고 영혼까지 구원하는 일이었기 때문이다.

만일 당시에 베드로 수중에 돈이 좀 있어서 그것만 불구자에게 건네주고 지나쳤다면, 당장 며칠간은 불구자에게 도움이 되었겠지만 그 돈이 떨어지고 나면 그는 다시 구걸을 시작했을 것이다. 어쩌면 평생 그런 삶을 이어갔을 수도 있다.

불행한 이에게 우리가 줄 수 있는 가장 귀한 선물은 바로 예수 그리스도에 대한 신앙이다. 예외 없이 생로병사를 겪는 우리 인간에게, 그 어떤 것도 그리스도 예수님에 대한 신앙보다 귀할 수는 없다.

튼튼해져서

그러면서 그의 오른손을 잡아 일으켰다. 그러자 그가 즉시 발바닥과 발목이 튼튼해져서 벌떡 일어나 걸었다. 사도 3,7-8_필자 직역

'튼튼해져서'는 신적 수동태[13]다. 곧 불구자의 발바닥과 발목이 예수님의 힘으로 튼튼해진 것이다. 그분의 능력에 힘입어 베드로가 고쳐준 그 불구자는 마흔 살이 넘은 사람이었는데4,22 참조, 모태에서부터 불구로 태어나 사십 년이 넘는 세월 동안 한 번도 걸어본 적이 없는 사람의 상태가 어떠했을지 충분히 짐작할 수 있을 것이다. 성한 사람도 사고를 당하거나 병에 걸려서 오래 누워있게 되면 근육이 약해져서 다리는 젓가락처럼 가늘어지고 힘이 없어서 제대로 서있기도 어렵게 된다. 하물며 사십 년 동안 한 번도 걸어 본 적이 없는 사람의 다리라면 어떨까?

그런데 이런 사람을 베드로가 오른손을 잡아 일으켰을 때, '즉시' 그의 발바닥과 발목이 튼튼해져서 벌떡 일어났다고 한다. 보통의 경우라면 치유된 뒤에도 제대로 걷기 위해서는 오랜 기간 재활치료를 받아야 하겠지만, 그럴 필요가 전혀 없었다는 것이다. 걷는 것은 물론이고 심지어 껑충껑충 뛰기도 했다니 그야말로 기적이 일어난 것이다.

다른 복음사가였다면 '베드로가 그 병자의 오른손을 잡아 일으키자 그는 걷게 되었다'라고 단순하게 표현했겠지만, 루카는 그 병자의 '발바닥과 발목이 튼튼해져서 벌떡 일어나' 걷게 되었다고 묘사한다. 루카는 '발바닥'을 뜻하는 바시스βάσις와 '발목'을 뜻하는 스퓌드론σφυδρόν을 사용하고 있는데, 두 단어 모두 사람이 균형을 잡고 일어서는 데 반드시 필요한 신체 부위를 가리키는 말들이다. 신약성경 저자들 가운데 '발바닥'과 '발목'이란 어휘를 사용한 사람은 루카가 유일하다. 마태오와 마르코 등 다른 저자들은 단순히 '발'을 가리키는 푸스πούς를 쓴다.마태 4,6; 7,6; 10,14; 18,8; 22,13; 28,9; 마르 5,22; 6,11; 7,25; 9,45 참조 뿐만 아니라 "모태에서부터 불구자였던 사람"사도 3,2이라는 표현도 직역하면 "어머니의 '자궁'에서부터 불구자였던 사람"인데, 의사였던 루카는 태아를 둘러싸고 있는 여러 조직을 에두르는 말보다 정확한 신체 기관을 가리키는 용어를 사용한다.[14]

루카의 생생하고 세부적인 보도는 의사라는 그의 직업에서 비롯한 관심을 드러낸다. 그가 의사였다는 사실은 이레네오, 테르툴리아누스, 에우세비오 등의 증언으로도 알 수 있다. 그들의 증언에 따르면, 루카는 유다인이 아닌 이방인 출신[15]의 그리스도인으로서 직업은 의사였고 바오로와 선교 여정에도 참여했던 사람이다.

수술용 바늘과 일반 바늘의 구별

어떤 이들은 루카가 의사였다는 사실을 받아들이지 않는다. 그 이유는 앞서 언급한 루카의 의학적 관점이, 특별한 것이 아니라 당시 교육받은 사람이라면 누구나 알 수 있는 수준에 불과하다고 보기 때문이다. 이런 주장을 하는 이들은 콜로 4,14에 나오는 "의사 루카"라는 표현 역시 실제 의사가 아니라 '영혼의 의사 루카'라는 의미로 사용된 것이라고 주장한다.

그러나 루카는 낙타와 바늘귀에 대한 예수님의 가르침을 전할 때도 수술용 바늘을 뜻하는 벨로네βελόνη를 쓰고 있다. 의학 전문 교육을 받지 않은 사람에게는 선뜻 사용하기가 쉽지 않은 단어일 것이다.

> 부자가 하느님 나라에 들어가는 것보다 낙타가 바늘βελόνη귀로 들어가는 것이 더 쉽다. 루카 18,25

한편 마르코와 마태오는마르 10,25; 마태 19,24 일반적으로 바느질을 할 때 사용하는 바늘을 가리키는 단어인 라피스ῥαφίς를 사용하고 있다.

> 부자가 하느님 나라에 들어가는 것보다 낙타가 바늘ῥαφίς귀로 빠져나가는 것이 더 쉽다. 마르 10,25

부자가 하느님 나라에 들어가는 것보다 낙타가 바늘ῥαφίς구멍으로 빠져나가는 것이 더 쉽다. 마태 19,24

마르코복음서에는 열두 해 동안이나 하혈하던 여자가 많은 의사를 찾아다녔으나, 고생만 하고 낫지는 못했다는 이야기가 등장한다.

그 여자는 숱한 고생을 하며 많은 의사의 손에 가진 것을 모두 쏟아부었지만, 아무 효험도 없이 상태만 더 나빠졌다. 마르 5,26

이는 자칫 의사들에게 모욕적으로 들릴 수 있는 표현이다. 마르코복음서를 참조하여 복음서를 집필한 루카는, 본인이 바로 의사였기 때문인지 이 부분을 조금 완곡하게 표현한다.

그 여자는 의사들을 찾아다니느라 가산을 탕진하였지만, 아무도 그를 고쳐주지 못하였다. 루카 8,43

루카는 당시 사회에서 중류층 이상의 위치였을 것이다. 당시에도 의사는 존경받는 직업이었다. 철학자 다음으로 인정을 받았고[16] 기원전 46년 율리우스 카이사르가 정한 규정에 따라 로마 출신이 아니라 해도 의사에게는 로마 시민권이 주어졌다.[17]

기뻐 용약하며 하느님을 찬미하였다

그들과 함께 성전으로 들어가면서, 걷기도 하고 껑충껑충 뛰기도 하고 하느님을 찬미하기도 하였다. 사도 3,8

사십 년 동안 걷지 못했던 불구자에게 일어난 치유 기적은, 어떤 의미에서 오래전 하느님께서 이사야를 통해 하신 예언의 성취이기도 하다.

그때에 소경은 눈을 뜨고 귀머거리는 귀가 열리리라. 그때에 절름발이는 사슴처럼 기뻐 뛰며 벙어리도 혀가 풀려 노래하리라. 이사 35,5-6_공동번역 성서

이사야가 예언하는 '그때'는 메시아가 와서 이스라엘을 복원하는 구원의 시대를 가리킨다. 걸을 수 없었던 사람이 껑충껑충 뛰게 되었다는 것은 구원의 시대가 왔다는 강력한 증거다. 그가 치유된 다음 가장 먼저 한 일은, 아름다운 문을 통해 이방인의 뜰로 들어가면서 하느님을 찬미한 것이다. 해당 구절에 나오는 세 개의 동사(걷다, 뛰다, 찬미하다)는 모두 계속되는 행위를 나타낸다. 치유를 받은 뒤 걷기도 하고 껑충껑충 뛰기도 하면서 두 손을 높이 들고 하느님을 찬양하며 말할 수 없이 기뻐하는 그의 모습을 우리는 쉽게 상상해 볼 수 있다.

감사에 관하여

태생 불구자였다가 치유받은 사람은 성전으로 들어가면서 감사에 가득 차 하느님께 찬미의 노래를 불렀는데, 만일 내가 그 사람의 입장이었다면 어땠을까? 현대의학으로도 고치기 어렵다는 병에서 기적적으로 낫게 되었다면, 나도 그 사람처럼 가장 먼저 하느님에게 찬미와 감사를 드릴 수 있을까? 어쩌면 하느님은 까마득하게 잊어버리고, 여기저기 지인들에게 전화해서 기적적으로 병이 나았다고 흥분하며 떠들어 대지 않을까?

믿음이 깊다고 해서 감사의 영 또한 깊은 것은 아니다. 예수님께 치유받았던 열 명의 나병 환자들을 생각해 보자. 예수님께서 "가서 사제들에게 너희 몸을 보여라"루카 17,14 하고 말씀하셨을 때, 그들은 의심 없이 믿었다. 예수님이 말씀하신 바로 그 자리에서 그들이 치유된 것은 아니다. 이는 예수님의 말씀 다음에 이어서 나오는 "그들이 가는 동안에 몸이 깨끗해졌다"17,14라는 표현을 보면 알 수 있다.

믿음이 깊었던 이들 열 명 가운데 예수님께 돌아와 찬미와 감사를 드린 사람은 오직 한 명, 사마리아 사람뿐이었다. 그가 예수님께 돌아와 감사를 드리자 예수님은 이렇게 물으신다.

> 열 사람이 깨끗해지지 않았느냐? 그런데 아홉은 어디에 있느냐? 이 외국인 말고는 아무도 하느님께 영광을 드리러 돌아오지 않았단 말이냐? 17,17-18

예수님은 왜 이런 질문을 하셨을까? 우리 가운데 그 아홉 사람처럼 주님의 큰 은혜를 입고도 감사를 드릴 줄 모르는 사람들이 많기 때문은 아닐까?

한 신학자는 '열 명의 나병 환자와의 인터뷰'라는 글에서, 예수님께 돌아와 감사드리지 않은 아홉 명의 나병 환자에게 그 이유를 듣는 형식으로 다음과 같이 자신의 묵상을 전개했다.

첫째 사람이 말했다. "나는 결코 은혜를 모르는 체하는 사람이 아니오. 나는 먼저 내 가족과 지인들에게 건강을 되찾은 모습을 보이고 싶었소. 그런 다음 예수님께 감사드리려고 했는데, 그분은 이미 멀리 떠나버리셨소." 두 번째 사람이 말했다. "나는 말로만이 아니라 선물로 감사드리고 싶었소. 그런데 적절한 선물을 찾을 수 없었소." 셋째 사람은 "나는 내가 치유된 것을 알았을 때 그것이 그렇게 오래갈 줄 몰랐소. 그래서 되돌아가지 않았소" 하고 말했다. 넷째 사람이 말했다. "예수님은 당신이 행하시는 선행에 대해 사람들에게 감사를 기대하지 않는 분이라고 생각했소. 그래서 나는 감사드리는 일을 그만두었소." "다시 당당하게 살 수 있다는 기쁨에 감사하는 일을 까맣게 잊었소"라고 말하는 다섯째 사람의 이야기도 그럴듯했다. 여섯째 사람은 단언했다. "나는 감사를 드리고 싶었소. 그런데 대부분이 돌아가지 않았소. 나는 언제나 다수를 따르오." 나머지 사람들의 대답도 거의 비슷했다. 그러나 사마리아 사람의 대답은 달랐다. "나는 예수님께 감사드리지 않고서는 도저히 집으로 돌아갈 수 없었습니다."[18]

예수님께 감사를 드리러 되돌아온 사마리아인은 나병의 치유는 물론 구원의 선물도 받게 된다.

일어나 가거라. 네 믿음이 너를 구원하였다. 루카 17,19

한편 감사할 줄 몰랐던 나머지 아홉 사람은 나병이 낫기는 했지만 구원의 선물을 받지는 못했다. 우리가 주님에게서 받는 은총의 선물은, 그분께 진심으로 감사하기 전까지는 온전한 선물이라고 할 수 없다.

하느님께 은총의 선물을 받아 그것을 자기만을 위해 사용할 수도 있고, 그것을 베풀어 주신 하느님의 사랑에 감사드리며 그분께 영광을 드리는 삶을 살 수도 있다. 그 두 가지 경우를 가르는 기준은 감사의 영이 있느냐 없느냐의 여부이다.

유다 임금 히즈키야는 죽을병에 걸리자 벽을 보고 통곡하며 하느님께 자비를 청해 십오 년을 더 살게 되었다. 그런데 그 후 그는 어떠한 삶을 살았을까? 덤으로 주어진 생이기에 감사와 찬미 속에 하느님의 영광을 위해 살았을까? 아니다. 그는 그 귀한 시간을 헛되이 낭비했다. 2열왕 18-20장; 2역대 29-32장 참조 그는 바빌론 임금 므로닥 발아단이 보낸 사절단에게 자신의 보물창고를 자랑스럽게 보여주며 자신의 영광을 드러냈고, 예언자 이사야가 이를 책망하자, "내가 살아있는 동안에 평화와 안정이 지속되기만 한다면야" 2열왕 20,19라고 생각하는 등 이기적인 반응을 보였다.

더욱 심각한 것은 하느님의 자비로 목숨이 연장된 시기에 그가 낳은 아들 므나쎄가, 유다 역사상 가장 악한 왕이 되어 우상숭배는 물론 하느님 눈에 거슬리는 온갖 나쁜 일을 행한 것이다. 만약 히즈키야가 정해진 때에 죽었다면 므나쎄는 태어나지 않았을 것이고, 유다의 역사는 달라졌을지도 모른다. 결국 그들의 교만과 감사할 줄 몰랐던 그들의 삶은 자신들을 파멸로 이끌었을 뿐만 아니라 유다 왕국을 멸망으로 이끌었다.

감사는 우리가 축복을 받았거나 기도에 대한 응답을 받았을 때만 하는 것이 아니다. 감사는 삶의 모든 자리에서 우리가 가져야 할 태도다. 다음 성경 구절들에서 '모든 일', '언제나', '어떠한 경우에든', '무엇이나'라는 단어에 주목하자.

모든 일에 감사하십시오. 이것이 그리스도 예수님 안에서 살아가는 여러분에게 바라시는 하느님의 뜻입니다. 1테살 5,18

모든 일에 언제나 우리 주 예수 그리스도의 이름으로 하느님 아버지께 감사를 드리십시오. 에페 5,20

어떠한 경우에든 감사하는 마음으로 기도하고 간구하며 여러분의 소원을 하느님께 아뢰십시오. 필리 4,6

말이든 행동이든 무엇이나 주 예수님의 이름으로 하면서, 그분을 통하여 하느님 아버지께 감사를 드리십시오. 콜로 3,17

성경은 언제나 모든 일에 감사하라고 권고하지만, 우리는 어떠한 경우에든 감사하며 사는 것을 놓칠 때가 많다. 이와 관련된 우스개 이야기가 있다.

하늘나라에 막 도착한 사람이 베드로 사도의 환영을 받았다. 베드로 사도는 그를 데리고 다니며 천국 곳곳을 안내했다. 두 사람은 천사들로 북적이는 거대한 작업실에 들어섰다. 베드로 사도가 설명했다. "여기는 접수처라네. 지상에서 드리는 수많은 청원 기도를 바로 이곳에서 접수하고 있지." 그곳에는 수많은 천사들이 분주하게 움직이며, 세상 곳곳에서 올라온 온갖 청원을 분류하고 있었다. 이어 다음 방으로 들어갔다. 베드로 사도가 다시 설명했다. "여기는 포장하고 발송하는 곳이지. 하느님의 은총과 축복을 여기에서 포장해 사람들에게 발송하고 있다네." 이곳 역시 수많은 천사가 바쁘게 일하고 있었다. 두 사람이 마지막 남은 방에 들어갔을 때, 그곳에는 천사가 단 두 명뿐이었고 심지어 한가하게 꾸벅꾸벅 졸고 있었다. 베드로 사도가 말했다. "이곳은 확인처라네. 안타깝게도 사람들이 자신이 한 청원에 대한 응답을 주님께 받고 나서도, 잘 받았다는 확인서를 보내는 일이 거의 없거든."

감사에는 행위에 대한 감사와 존재에 대한 감사가 있다. 행위에 대한 감사는 어떤 사람이 나에게 좋은 일을 해주었을 때 또는 나에게 뭔가 좋은 일이 생겼을 때 드리는 감사라면, 존재에 대한 감사는 앞서 나열했듯이 '언제나, 모든 일에서, 무엇이나, 어떠한 경우에든' 감사하는 것이다. 이 순간 살아있음에 감사하고, 푸른 하늘과 하얀 구름에 감사하고, 바람에 흔들리는 나뭇잎 사이로 반짝이는 햇살에 감사하고, 나와 연결된 사람들로 말미암아 감사하는 것이다.

이처럼 존재 자체에 감사할 줄 알게 되면 우리는 더욱 건강하게 살아갈 수 있다. 남아프리카공화국에서 시행된 인종격리정책에 맞서 싸우다가 국가반역죄로 몰려 이십칠 년간 감옥에서 살았던 넬슨 만델라는 이렇게 말한다.

> 저는 감옥에서 언제나 하느님께 감사했습니다.
> 하늘을 보고 감사하고
> 땅을 보고 감사하고
> 물을 마시며 감사하고
> 음식을 먹으며 감사하고
> 강제 노동을 하면서도 감사하고
> 늘 감사했기에 건강을 지킬 수 있었습니다.

심리학자 마틴 셀리그먼Martin Seligman이 고안한 '감사의 방문Gratitude Visit'이라는 이름이 붙은 우울증 치료법이 있다. 그는 내담자들에게 눈을 감고, 자신의 삶을 긍정적으로 바꾸는 데 중요한 역할을 했지만 제대로 감사 인사를 건네지 못한 사람을 떠올려 보라고 한다. 단, 생존해 있는 사람 중에 고르게 했다. 한 사람을 떠올렸다면, 그 사람에게 약 삼백 단어 분량의 감사 편지를 쓰게 했다. 그런 뒤 그 사람에게 연락해서 찾아가도 되는지 묻되, 이유는 밝히지 말라고 했다. 그리고 그 사람이 허락하면, 그를 찾아가서 그 감사 편지를 읽어주는 것이다. 셀리그먼에 따르면, 읽어주는 감사의 편지를 들으면서 눈물을 흘리지 않은 사람은 단 한 명도 없었다고 한다. 또한 일주일 뒤, 한 달 뒤, 석 달 뒤에 확인한 결과, 감사의 방문을 한 사람과 받은 사람 모두 전보다 더 행복하게 살고 있었다고 한다.

이처럼 우리가 감사를 표현할 때, 우리 자신은 물론 감사를 받는 상대방의 마음도 충만해진다. 그럼에도 살다 보면 제대로 감사하지 못하고 넘어가는 경우도 많은데 그 대표적인 요인을 네 가지로 간추려 보았다.

첫째, 삶에서 맺는 열매를 모두 자기 공로로 여기는 태도다. 내가 수고해서, 내가 현명하게 결정해서, 내 능력으로 무언가를 이뤘기에 감사할 필요가 없다고 생각한다. 얼마나 잘못되고 교만한 태도인가! 우리가 가진 모든 것은 하느님께 받은 선물이다. 요한 3,27; 1코린 4,7 참조 재능, 건강, 재물, 외모 모두 그분께서 주신 것인데, 그것들을 자기 공로로 여기니 감사할 줄 모르는 것이다.

둘째, 사랑의 하느님께서 아낌없이 베풀어 주시는 일상의 돌봄을 당연히 여기기 때문이다. 건강, 안전, 직장, 가족, 친구 등 모든 것이 자애로우신 하느님의 돌보심에서 비롯된 것인데, 그것을 당연하게 여기니 감사하지 못하는 것이다. 우리 삶에서 당연한 것은 하나도 없다. 모든 것은 그분의 선하심과 그분의 손길 아래 이루어진다.

우리는 하느님의 돌보심뿐 아니라 부모님의 희생과 사랑도 당연하게 여기는 경우가 많다. 어릴 때야 그렇다 치더라도, 어른이 되어서도 늙어가는 부모님의 희생과 수고를 당연하게 생각하는 것이다. 그러다 보면 부모님에게 감사하기보다는, 서운했던 기억만 마음에 간직하고 있다가 사소한 일로 수틀리면 부모님에게 그것을 들이밀곤 한다. 부모님뿐 아니라 다른 사람들의 호의에 대해서도 그렇게 처신하는 경우가 있다. 다른 이의 지속적인 호의를 당연한 것으로 여기고, 감사하기는커녕 더 많이 바라는 인간의 욕심을 적나라하게 보여주는 일화를 소개한다.

어린 삼 남매를 둔 과부가 생계를 위해 거리에서 호떡을 팔고 있었다. 혹독한 추위 속에서 호떡을 파는 과부에게 한 노신사가 다가와 물었다. "아주머니, 호떡 하나에 얼마죠?" "천 원이요." 노신사는 천 원을 놓고는 그냥 가 버렸다. 과부가 "아니, 호떡 가져가셔야죠!"라고 노신사 뒤에 대고 소리치자, 노신사는 빙그레 웃으며 대답했다. "아니에요. 괜찮습니다. 제가 속이

> 좋지 않아서 먹은 셈 치겠습니다." 다음 날도, 그다음 날도 노신사는 어김없이 천 원을 놓고 갔다. 어느덧 봄, 여름, 가을이 지나고 흰 눈이 내리던 어느 겨울날, 노신사가 변함없이 찾아와 천 원을 놓고 가려는데, 과부가 황급히 따라 나와 이렇게 말하는 것이 아닌가. "저… 손님, 호떡값이 올랐는데요."[19]

셋째, 감사할 대상과 감사할 이유를 너무 쉽게 잊어버리기 때문이다. 영어 단어 'think'(생각하다)와 'thank'(감사하다)의 어원이 같듯이, 우리가 갖고 있는 것을 떠올릴 때 감사할 수 있다.

광야에서 사십 년을 방랑했던 이스라엘 백성이 드디어 요르단강을 건넌 후 가장 먼저 한 일은 하느님의 명령에 따라 열두 지파가 저마다 요르단강에서 돌을 가져다가 각 지파의 기념비를 세우는 것이었다.여호 4장 참조

왜 하느님께서 그런 명령을 내리셨을까? 하느님은 홍해를 마른 땅이 되게 하여 이스라엘 백성이 안전하게 건널 수 있도록 돌보아주신 분이다. 이스라엘이 당신 구원의 역사를 잊지 않게 하시려고 기념비를 세우게 하신 것이다.

구약성경은 '남자/사람'과 '기억하다'를 둘 다 자카르זכר라는 같은 단어로 표현한다. 늘 하느님을 기억하고 감사하는 것이 인간의 도리라는 뜻이 아닐까?

넷째, 끊임없이 타인과 나를 비교하기 때문이다. 그러면서 시기나 질투에 사로잡히고, 상대적 박탈감과 열등감에 빠져 허우적대는 것이다. 특히 정보가 넘쳐나는 이 시대에 그러한 현상은 더 심각하다. 소셜 미디어에 친구가 올린 여행 사진, 고급 옷과 가방 사진 등을 보며 자기 삶의 모습이 그보다 못하다고 여겨지면 우울해하고 비참함을 느끼기도 한다. 그런 경우에는 불평하거나 분노에 사로잡히기도 쉬운데, 이러한 감정들은 단순히 인간적 차원에서 끝나지 않고 하느님에게까지 불똥이 튄다. 무엇인가를 다른 사람에게는 허락하고 나에게는 허락하지 않은 하느님께 불평하고 분노를 터뜨리는 것이다.

고전주의 음악가인 안토니오 살리에리Antonio Salieri가 대표적인 예다. 그는 모차르트의 천재적 재능과 자신의 처지를 끊임없이 비교하며 다음과 같이 하느님을 원망한다.

> 지금부터 당신은 저의 적입니다. 당신은 거만하고 음탕하며 유치하기만 한 모차르트를 도구로 선택해 놓고, 저에게는 겨우 그것을 알아볼 능력만 주셨습니다. 당신처럼 부당하고 불공평하며 고약한 신과는 앞으로 절대 상종하지 않겠습니다. 당신은 나의 영원한 적입니다.

사실 살리에리는 남부럽지 않은 삶을 살았다. 궁중 음악가로서 호화로운 생활을 했고, 그의 재능은 당대 음악가들 가운데 상위

0.1퍼센트에 속했다. 그런데 인류 역사에서 하나 나올까 말까 한 천재가 나타나자 모든 것이 달라졌다. 그는 얼마든지 모차르트의 친구이자 후원자가 될 수도 있었지만, 그의 적이 되는 것을 선택했다. 살리에리의 근본적인 문제는 열등감이 아니라 비교하는 삶 자체였기에, 그를 망가뜨린 것은 다름 아닌 자기 자신이었다고 할 수 있겠다.

오늘날 우리는 의도하지 않아도 타인에 의해 비교당하는 일이 생기곤 한다.

"○○○는 이번에 해외여행을 간다던데, 너는 언제 갈 거니?"
"○○○는 새 차를 샀다던데, 너는 언제 살 거니?"
"○○○는 친구도 많고 모임에도 자주 나간다던데, 너는 왜 그렇게 집에만 있니?"

이처럼 본의 아니게 비교를 당하면 기분이 좋을 사람은 없다. 괜히 스트레스를 받거나 자존감이 낮아지기도 한다. 특히 모두가 공평하게 대접받아야 하는 자리에서 누군가가 특별한 대접을 받는 상황이 되면 갑작스레 분노가 치밀기도 한다.

어떻게 하면 다른 사람과 나를 비교하는 습관에서 벗어날 수 있는지 귀띔해 주는 이야기가 있다.

스승이 수련자들에게 막대기 하나를 세워 놓은 다음 말했다. "이 막대기를 톱이나 도끼나 손을 대지 말고 짧게 만들어 보아라." 수련자들은 오랜 시간 동안 머리를 싸맸지만 해답을 찾지 못했다. 그때 한 수련자가 긴 막대기를 가져와 스승이 놓은 막대기 옆에 놓았다. 그러자 그 막대기가 짧아보였다. 스승은 빙그레 웃으며 말했다. "길고 짧음은 모두 상대적인 것이다."

감사하기 어려운 상황에서도 감사할 수 있으려면 상황을 바라보는 관점을 바꿀 필요가 있다. 예를 들어, 자녀가 말을 듣지 않고 반항할 때 매우 속상하지만, 시각을 달리하면 '그래도 주님 덕분에 우리 아이가 뒷골목에서 주먹질을 하지 않으니 얼마나 감사한 일인가!'라고 생각할 수 있다. 세금이 많이 나와서 속상할 때도 '내가 주님 덕분에 수입이 많아 이렇게 세금을 많이 내는 것이니 얼마나 감사한가!'라고 할 수 있을 것이다.

곤란하고 힘든 일이 생기면 '왜 나에게만 이런 어려움이 닥치는가?' 하며 원망하기보다는, '이 문제를 주님 안에서 어떻게 해결하면 좋을까?'라고 자문해 보자. '왜 저 사람은 저렇게 퉁명스럽고 남을 피곤하게 만들지? 언제까지 저 사람과 함께해야 하지?'라고 불평하기보다는, '내가 저런 사람과도 잘 지낼 수 있다면 내 인생이 얼마나 넉넉해지겠는가! 저 사람과 좋은 관계를 맺기 위해서 내가 어떻게 다가가면 좋을지 고민해 봐야겠다' 하면서 그 상황을 성장의 기회로 삼는 것이 중요하다.

한 남자가 고명한 라삐를 찾아와 하소연했다. “삶이 너무 힘겹습니다. 우리 집은 아홉 식구가 모두 한방에서 지내고 있는데, 정말 견디기 어렵습니다.” 라삐가 이렇게 말했다. “자네 집에서 기르는 염소를 방 안으로 들여놓게. 그러면 견딜힘이 생길 걸세.” 남자는 혹시 자기가 잘못 알아들은 것은 아닌가 싶어 어리둥절한 눈빛으로 라삐를 바라보았다. 그러자 라삐가 덧붙였다. “내가 시키는 대로 하고 일주일 뒤에 다시 오게.” 일주일이 지나 남자는 여전히 지친 얼굴로 라삐를 찾아왔다. “도저히 못 참겠습니다. 너무 지저분한 염소 때문에 상황이 더욱 끔찍해졌어요.” 라삐가 말했다. “그럼 이제 염소를 방 밖으로 내보내게. 그리고 또 일주일 뒤에 다시 오게.” 다음 주, 남자는 환한 얼굴로 라삐를 찾아왔다. “지금은 어떤가?” 라삐가 물었다. 남자가 미소 지으며 대답했다. “삶이 정말 아름답습니다. 염소가 사라지고 우리 아홉 식구만 남으니, 얼마나 좋은지 모르겠습니다.”

아우슈비츠는 생지옥이었다. 그곳에 일단 갇히면 가스실로 보내지지 않았다고 해도 평균 두 달을 못 넘기고 죽는 경우가 허다했다고 한다. 그런데 빅터 프랭클 박사는 여러 수용소를 거치면서도 무려 삼 년 가까이 버티며 살아남았다. 그가 심신이 건강한 상태로 살아남을 수 있었던 비결은 강인한 체력이나 의지 덕분이라기보다, 감동하는 마음과 감사하는 마음을 잃지 않았기 때문이었다. 실제로 그는 꺼져 가는 삶에 생기를 불어넣어 주는 것은 바로 감동과 감사라고 믿었다.

그의 감사와 감동은 다음과 같이 구체적이었다. 수용소의 환경은 지독히 열악했지만, 그는 아침에 눈을 뜨면 아직 살아있음에 감사를 드렸다. 숨이 막힐 것 같은 수용실에 한 줄기 바람이 불어오면 그것에도 감사를 드렸다. 동료의 시신을 묻을 구덩이를 파면서 우연히 보게 된 서쪽 하늘의 아름다운 저녁노을에도 감동했다. 비 온 뒤 길바닥에 고인 물 웅덩이에 비친 마른 나뭇가지의 모습에서도 아름다움을 느꼈다. 노동시간에 우연히 주운 예쁜 조약돌에도 감탄했고, 그것을 잘 간직했다가 몸이 불편한 동료에게 건네주곤 했다. 대부분의 사람들이 하찮게 여기는 것들 앞에서도 프랭클 박사의 감사와 감동은 끝이 없었고, 바로 그것이 그를 생지옥에서도 살아남게 한 삶의 원동력이 되었다.

밀레의 <삼종기도>는 '만종晩鐘'이라는 제목으로도 알려진 작품이다. 저녁노을이 지는 시간, 멀리 보이는 성당에서 종소리가 들리면, 밭에서 감자를 캐던 가난한 부부가 일을 멈추고 고개를 숙인 채 기도하고 있다. "주님의 천사가 마리아께 아뢰니, 성령으로 잉태하셨나이다. 은총이 가득하신 마리아님 기뻐하소서…." 그들 발 밑에는 감자 바구니와 캐다 만 감자들이 저녁노을에 붉은 빛을 반사하고 있다. 특별히 이 그림이 아름다운 이유는 고된 삶에서도 감사하는 두 사람의 경건한 모습 때문이 아닐까?

3

베드로의 두 번째 복음 선포

온 백성은 그가 걷기도 하고 하느님을 찬미하기도 하는 것을 보고, 또 그가 성전의 '아름다운 문' 곁에 앉아 자선을 청하던 사람이라는 것을 알고, 그에게 일어난 일로 경탄하고 경악하였다. 그 사람이 베드로와 요한 곁을 떠나지 않고 있는데, 온 백성이 크게 경탄하며 '솔로몬 주랑'이라고 하는 곳에 있는 그들에게 달려갔다. 사도 3,9-11

베드로의 치유 기적은 불구자였던 그 사람에게는 물론이고, 베드로가 예루살렘 성전의 '아름다운 문' 근처에서 그를 치유했을 때 그 자리에 있던 이들과 치유 소식을 들은 다른 많은 사람에게도 큰 영향을 끼쳤다. 예루살렘 주민들은 태생적으로 불구였던 그가 오랫동안 성전 문 앞에서 구걸하며 살아온 모습을 익히 알고 있었다. 그런데 그가 걷는 것은 물론이고 껑충껑충 뛰기까지 하는 모습을 보고 너무도 놀랐던 것이다. 그래서 도대체 어떻게 된 일인지 알아보려고 솔로몬 주랑에 있던 베드로 일행과 치유된 사람을 향해 몰려들었다.

그리스 아테네 아탈로스 주랑

DunDio, Wikimedia Commons

이탈리아 볼로냐의 주랑

솔로몬 주랑은 아주 오래전에 파괴되었지만, 아테네의 아탈로스 주랑이나 볼로냐의 주랑과 비교해도 뒤지지 않을 만큼 훌륭한 건축물이었으며, 코린토 양식으로 세워진 백육십이 개의 거대하고 화려한 원기둥 위에 지붕을 얹은 형태로 이루어져 있었다.[20]

베드로의 동선을 고려할 때 루카가 언급한 '아름다운 문'은 예루살렘 성전 마당 동쪽 벽에 있는 '금문'일 것이다. 금문은 '슈샨 문'이라고도 불리는데, 이 문을 통해 '이방인의 뜰'로 들어오면 곧바로 솔로몬 주랑을 만나게 된다.

아래의 예루살렘 성전 도면에서 A가 금문이고 B는 솔로몬 주랑이다. 금문은 성벽에 있는 열 개의 문 가운데 가장 많은 사람이 드나들었던 문으로, 예리코에서 올리브산을 지나 예루살렘에 도착한 순례자들도 대부분 금문을 통해 성전으로 들어갔다.

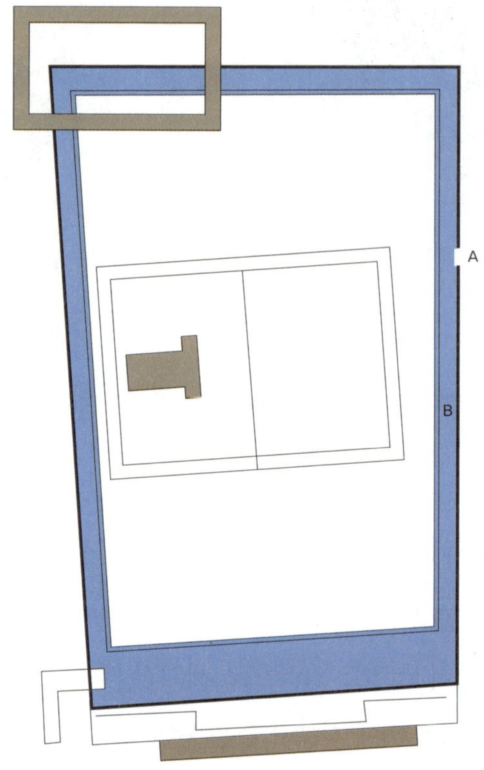

오른쪽 지도에서 베타니아와 벳파게(올리브산) 그리고 겟세마니 동산을 거쳐 예루살렘 성전으로 들어가는 문도 금문이다.

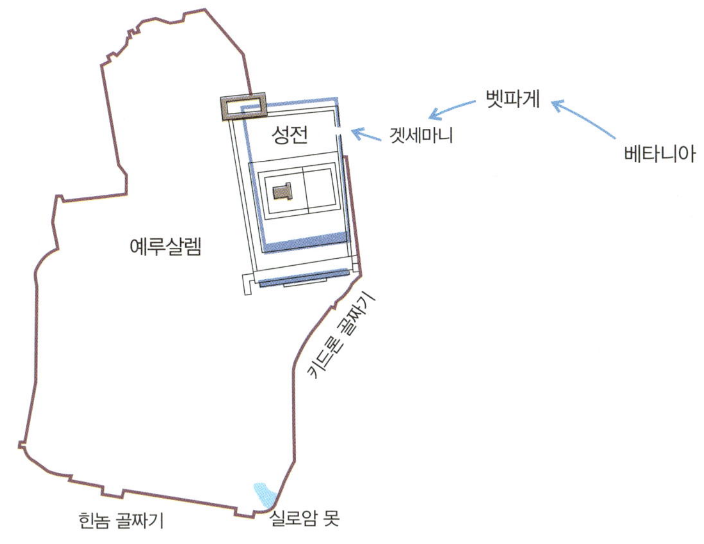

솔로몬 주랑은 단순히 통로 역할만 한 것이 아니라 유다인들이 모여 율법에 대해 토론하는 등 모임 장소 역할도 했다. 예수님도 가르침을 펼치곤 하시던 곳이었고 요한 10,23 참조, 사도들도 이곳에서 설교하거나 신자들과 모임을 가지곤 했다. 사도 3,11; 5,12 참조

사도들과 신자들이 솔로몬 주랑에 모이곤 했다는 것은 그때까지만 해도 아직 그리스도교가 유다교와 분리되지 않았음을 말해준다. 또 수많은 사람이 오갔던 그곳에서 사도들과 신자들이 모임을 가졌다는 것은, 원하는 사람이면 누구나 그 모임에 참석할 수 있었다는 뜻이기도 하다.

베드로는 백성을 보고 말하였다. "이스라엘인 여러분, 왜 이 일을 이상히 여깁니까? 또 우리의 힘이나 신심으로 이 사람을 걷게 만들기나 한 것처럼, 왜 우리를 유심히 바라봅니까? 여러분은 예수님을 빌라도에게 넘기고, 그분을 놓아주기로 결정한 빌라도 앞에서 그분을 배척하였습니다. 그러나 아브라함의 하느님과 이사악의 하느님과 야곱의 하느님, 곧 우리 조상들의 하느님께서는 당신의 종 예수님을 영광스럽게 하셨습니다. … 이 예수님의 이름에 대한 믿음 때문에, 바로 그분의 이름이 여러분이 지금 보고 또 아는 이 사람을 튼튼하게 하였습니다. 그분에게서 오는 믿음이 여러분 모두 앞에서 이 사람을 완전히 낫게 해주었습니다. 사도 3,12-16

첫 문장 "베드로는 백성을 보고 말하였다" 3,12는 그리스말 성경에서는 '베드로는 백성을 보고 대답하였다'로 되어있다. 베드로는 몰려든 군중이 마음속에 품고 있던 질문에 대답하는 것으로 복음 선포를 시작한다. 군중은 평생 단 한 번도 걸어본 적이 없는 불구자가 어떻게 걸을 수 있었는지 궁금했을 것이고, 베드로에게 일종의 초능력이 있어서 그 불구자를 고쳤으리라고 생각했을 수도 있다.

그러나 베드로는 모태에서부터 불구였던 사람을 고쳐주신 분은 주님이심을 분명히 한다. 그로서 자신을 향해 쏟아지고 있던 사람들의 경탄을 그리스도에게로 돌린다. 자신은 사명을 받아 파견된 존재일 뿐, 진짜 주인공은 주님이심을 강조하고 있는 것이다.

기회를 놓치지 않고 복음을 선포하는 베드로

베드로의 설교는 그를 둘러싼 사람들의 오해와 호기심을 풀어 주기 위하여 시작되었지만, 설교의 궁극적인 목표는 따로 있었다. 그것은 바로 생명의 복음을 선포함으로써 사람들의 영혼을 주 예수님에게로 인도하는 것이었다. 베드로는 많은 영혼이 구원될 수 있는 기회를 결코 놓치지 않았다. 오순절 성령강림 때 수많은 사람이 몰려들었을 때도 그는 기회를 놓치지 않고 복음을 선포하여 삼천 명가량의 새 신자를 만들었다. 2,41 참조 이번에도 마찬가지다. 베드로는 오후 세 시에 기도를 드리기 위해 성전으로 올라가던 길에 그 불구자를 만났고, 그를 치유한 뒤 수많은 군중이 자신을 둘러쌌을 때 기회를 놓치지 않고 복음을 선포했다. 그 결과 무려 오천 명가량이나 되는 사람들이 세례를 받고 신자가 된다. 4,4 참조 과연 우리도 베드로 사도처럼 기회가 있을 때마다 복음을 전하고 있는지 자문해 보자.

2006년 미국 프로 풋볼에서 한국계 혼혈 선수 하인스 워드 Hines Ward가 MVP로 뽑힌 뒤 한국을 방문하자 여러 기업이 앞을 다투어 그에게 일등석 비행기표, 최고급 호텔 객실, 고급 승용차 등 이른바 특급 서비스를 제공했다. 그런 기업들은 자사 브랜드를 노출하는 광고 효과를 기대할 수 있음은 물론이고, 결과적으로 서비스 제공에 들어간 비용 이상의 이득을 얻는 경우도 적지 않았기 때문이다. 당시 하인스 워드의 덕을 가장 많이 본 사람들은 중국집 사장님들이었다. 한국에서 태어나 성장한 하인스 워드는 어렸을 때 먹곤 했던 짬뽕을 어른이 된 뒤에도 여전히 좋아했다고 한다. 그래서 가장 먹고 싶은 음식이 무엇인지 묻는 기자의 질문에 '짬뽕'이라고 대답했고, 그 인터뷰가 신문에 보도되면서 중국집들이 반짝 특수를 누릴 수 있었던 것이다.

사업을 하는 사람들이 최대의 수입을 창출하기 위해 황금어장을 물색하는 것처럼, 우리는 하느님의 더 큰 영광을 위하여 수많은 영혼을 구원할 수 있는 황금어장을 부지런히 찾아야 한다. 굳이 오지나 위험한 지역을 찾아가서 복음을 전하지 않더라도, 일단 가까이 있는 이들, 자주 만나는 이들에게 먼저 우리 자신이 복음, 곧 '기쁜 소식'이 되어야 하지 않을까?

여러분은 예수님을 빌라도에게 넘기고, 그분을 놓아주기로 결정한 빌라도 앞에서 그분을 배척하였습니다. 그러나 아브라함의 하느님과 이사악의 하느님과 야곱의 하느님, 곧 우리 조상들의 하느님께서는 당신의 종 예수님을 영광스럽게 하셨습니다. 여러분은 거룩하고 의로우신 분을 배척하고 살인자를 풀어 달라고 청한 것입니다. 여러분은 생명의 영도자를 죽였습니다. 그러나 하느님께서는 죽은 이들 가운데에서 그분을 다시 일으키셨고, 우리는 그 증인입니다. 그분의 이름에 대한 믿음 때문에, 여러분이 지금 보고 또 아는 이 사람을, 그분의 이름이 튼튼하게 하였습니다. 그분에게서 오는 믿음이 여러분 모두 앞에서 이 사람에게 온전함을 주었습니다.

사도 3,13-16_필자 직역

베드로의 두 번째 복음 선포

이 본문은 베드로가 두 번째로 한 복음 선포를 담고있다. 오순절에 행해졌던 첫 번째 선포와 비교했을 때, 베드로의 두 번째 복음 선포는 핵심 내용은 대동소이하면서도 세 가지 특징적인 요소를 지니고 있다.

첫째, 예수님의 죽음과 관련한 유다인들의 잘못을 첫 번째 복음 선포 때보다 더 강하게 고발했다는 점이다. 베드로를 둘러싸고 있던 이들 중 다수는 예루살렘 거주민으로 예수님에 대해 어느 정도 들은 바가 있었고, 특별히 예수님이 십자가에서 처형되었다는 사실 그리고 그분의 무덤이 비어있었음을 소문으로 들어 알고 있던 이들이다. 베드로는 첫 번째 복음 선포 때 그들이 무법자들, 곧 이방인 통치자의 손을 빌려 예수님을 십자가에 못 박아 죽였다고 비판했다.2,23.36 참조 그런데 두 번째 복음 선포에서는 그들의 죄를 더 구체적으로 언급한다.

여러분은 예수님을 빌라도에게 넘기고, 그분을 놓아주기로 결정한 빌라도 앞에서 그분을 배척하였습니다. 사도 3,13

여러분은 거룩하고 의로우신 분을 배척하고 살인자를 풀어 달라고 청한 것입니다. 3,14

여러분은 생명의 영도자를 죽였습니다. 3,15

베드로는 매 구절을 '여러분'으로 시작하며, 그의 말투는 마치 손가락으로 그들을 가리키며 강하게 꾸짖는 듯한 인상을 준다. 하지만 베드로는 그들의 죄를 신랄하게 비판하기보다는 그들을 회개로 이끌고자 했다. 단순히 그들의 책임을 묻거나 시시비비를 가리려는 의도가 아니라, 그들의 구원을 위해 죄를 직시하도록 한 것이다. 오순절에 설교를 듣고도 회개하지 않은 이들을 다시 설득하고자 일종의 충격 요법을 쓴 것이다.

그런 다음 베드로는 그들을 "형제들이여"3,17_200주년 신약성서라고 친근하게 부르며, 그들의 '무지'로 인해 예수 그리스도를 몰라본 죄를 범했다고 밝힌다. 이어서 그는 "회개하고 하느님께 돌아와 여러분의 죄가 지워지게 하십시오"3,19라고 간곡히 호소한다.

둘째, 베드로의 두 번째 복음 선포에서는 첫 번째 복음 선포에서 언급하지 않았던 예수님의 이름과 그분의 인격을 강조한다.

그분의 이름에 대한 믿음 때문에, 여러분이 지금 보고 또 아는 이 사람을, 그분의 이름이 튼튼하게 하였습니다. 그분에게서 오는 믿음이 여러분 모두 앞에서 이 사람에게 온전함을 주었습니다. 3,16_필자 직역

이 구절은 베드로를 둘러싸고 있는 이들이 궁금해하던 바에 대한 응답이기도 하다. 선천성 불구자가 치유될 수 있었던 것은 '그분의 이름에 대한 믿음' 때문이었다. 여기서 '믿음'의 주체는 누구인가? 누가 예수님의 이름에 대한 믿음으로 기적이 일어나게 했는가? 베드로의 믿음인가, 태어날 때부터 걸을 수 없었던 사람의 믿음인가? 두 사람 모두의 믿음이다.[21]

베드로는 예수님의 이름으로 병자를 치유할 수 있다는 믿음이 있었기에 불구자에게 "나자렛 사람 예수 그리스도의 이름으로"3,6 일어나 걸으라고 외치면서 불구자의 손을 잡아 일으켰다. 베드로는 주님이 승천하시기 전에 하신 말씀을 기억했다.

믿는 이들에게는 이러한 표징들이 따를 것이다. 곧 내 이름으로 마귀들을 쫓아내고 새로운 언어들을 말하며 … 또 병자들에게 손을 얹으면 병이 나을 것이다. 마르 16,17-18

베드로는 예수님의 그 말씀을 흔들림 없이 믿고 있었기에, 선천성 불구자를 치유할 때 '주님, 치유의 은총을 베푸시어 이 병자를

낫게 하소서'라고 청하지 않고, 병자에게 고개를 들어 자기를 바라보라고 한 다음 "내가 가진 것을 당신에게 주겠습니다"사도 3,6 하며 병자의 손을 잡아 일으켰다.

만일 베드로가 예수님이 당신 이름으로 병자들에게 손을 얹으면 병이 나을 것이라고 하신 말씀을 믿지 않았다면, 선뜻 그렇게 할 수 없었을 것이다.

치유 기적을 가능케 한 예수님 이름에 대한 믿음의 또 다른 주체는 태생 불구자였다. 그는 베드로가 일어나 걸으라고 하자 믿음으로 순종하여 즉시 벌떡 일어났으며, 치유된 뒤에도 베드로에게 감사를 표시한 것이 아니라 하느님을 찬미했다.

그러므로 '예수님의 이름에 대한 믿음 때문에'라는 베드로의 말을 풀어보자면, '예수님의 이름에 대한 저의 믿음과 이 사람의 믿음 때문에'가 된다.

베드로가 오순절에 했던 첫 번째 복음 선포와 비교할 때 두 번째 복음 선포에 담긴 세 번째 특징은, 예수님의 신원을 더욱 다양하게 소개한다는 점이다. 첫 번째 선포에서는 예수님을 '그리스도'와 '주님'으로 언급했는데, 두 번째 선포에서는 "거룩하고 의로우신 분"3,14, "생명의 영도자"3,15,[22] 하느님의 종3,13 참조으로도 표현한다. 특히 복음 선포의 시작과 끝에서 예수님을 '하느님의 종 3,13.26 참조'으로 선포함으로써, 그분이 바로 이사야서 53장에 나오는 주님의 종, 도살장에 끌려가는 어린양임을 강조한다.

주님께서는 공생활 중에 제자들에게 "사람들이 나를 누구라고 하느냐?"마르 8,27 하고 물으셨고, 이어서 "그러면 너희는 나를 누구라고 하느냐?"8,29 하고 물으셨다. 이제 예수님의 그 질문을 우리 자신에게 던져보자. 나는 그분을 누구라고 하는가? 베드로 사도처럼, 그분을 그리스도이자 주님으로, 거룩하고 의로우신 하느님의 종으로, 생명의 영도자로 고백할 수 있는가?

만약 베드로가 자랑을 했다면

베드로의 복음 선포는 솔로몬 주랑에서 이루어졌다. 솔로몬 주랑은 유명해지고 싶어 하는 이들이 앞다투어 연설하고 싶어 하던 자리였다. 그러므로 베드로는 그 장소에서 자신을 둘러싸고 있는 수많은 이들을 향해 자신의 이름을 드높일 수 있었겠지만, 그렇게 하지 않았다. 그의 복음 선포는 온전히 예수 그리스도를 중심으로 이루어졌다.

만일 베드로가 그곳에서 자기 자랑을 했다면 교만해졌을 것이다. 자랑과 교만은 서로 밀접하게 연결되어 있기 때문이다. 치유의 능력이든 아름다운 외모든 높은 학식이든 온갖 재물이든 하느님이 주시지 않으면 아무것도 가질 수 없다. 요한 3,27 참조 우리가 가진 모든 것은 하느님으로부터 온 것이기에, 하느님 외에 우리가 자랑할 수 있는 것은 없다.

> 그대가 가진 것 가운데에서 받지 않은 것이 어디 있습니까? 모두 받은 것이라면 왜 받지 않은 것인 양 자랑합니까? 1코린 4,7

특히 다른 사람을 낮추면서 자신을 들어 올리는 행위는 참으로 꼴불견이다. 바오로 사도가 권고했듯이 "겸손한 마음으로 서로 남을 자기보다 낫게" 필리 2,3 여겨야 한다.

겸손에 관한 올바른 이해

그리스도인 가운데서도 겸손을 잘못 이해하고 있는 경우가 많은 듯하다. 겸손이란 그저 자신을 낮추는 것을 의미하는 것이 아니다. 스스로를 일컬어 아무 재능도 없다고 말하는 것은 겸손이 아니다. 겸손은 자기 비하가 아니라 자신의 모습과 자기에게 주어진 사명을 분명히 알고, 거기에 맞갖은 처신을 하는 것이다.

겸손에 이르는 가장 확실한 길은 끊임없이 하느님을 기억하는 것이다. 자신만을 의식하기보다 그분을 바라보는 것이다.

관심의 초점은 언제나 주님이어야 한다. 작가 C. S. 루이스는 "겸손은 자신을 덜 중요하게 생각하는 것이 아니라, 자신을 덜 생각하는 것이다"라고 했다.[23]

'겸손'에 해당하는 라틴어 후밀리타스humilitas는 '흙'이라는 뜻의 후무스humus에서 파생했다. 결국 겸손이란 인간이 흙에 불과함을 아는 것이다. 다시 말해서 인간은 죽을 수밖에 없는 존재임을 깨닫는 것이다. 진정 겸손하고 싶다면, 보잘것없는 우리 안에 거룩한 영을 불어넣어 고귀한 삶을 살아가도록 해주신 주님께 우리의 시선을 고정시켜야 한다. 그러려면 먼저 자기를 비워야 한다. 자기를 비우는 만큼 우리는 더 겸손해지며, 더욱더 그분만을 바라볼 수 있게 된다.[24] 모름지기 영성 삶의 기본 요소는 겸손이다. 아우구스티노 성인과 아빌라의 데레사 성녀의 말씀을 새겨보자.

> 높아지고 싶습니까? 그렇다면 가장 낮은 곳에서부터 시작하십시오. 성덕이라는 건물을 짓고 싶습니까? 그렇다면 겸손이라는 기초를 먼저 닦으십시오.[25]

> 건물 전체의 기초는 겸손이다. 진정한 겸손이 없다면 주님은, 그대들을 위해서라도, 건물이 올라가는 것을 원치 않으신다. 건물을 짓는다 해도 폭삭 주저앉고 말 것이기 때문이다.[26]

교만은 대죄 중의 대죄다

빛의 천사 루치펠이 타락하여 사탄(악마)이 된 결정적 이유는 하느님 자리를 차지하려는 교만 때문이었다. 아담이 따 먹지 말라는 과일을 따 먹는 죄를 짓게 된 결정적인 이유는 하느님처럼 되고자 했던 교만 때문이었다. 이처럼 교만은 자신을 하느님처럼 여기거나 하느님을 필요로 하지 않는 태도이며, 대죄 중의 대죄다.

한 번은 아우구스티노 성인이 객기와 오만으로 가득 찬 한 젊은이의 편지를 받고서 다음과 같은 답장을 써 보냈다.

> 진리에 다다르기 위한 첫째가는 길은 겸손이요, 두 번째, 세 번째 길 역시 겸손뿐이요. 당신이 계속해서 물어본다 해도 대답은 같을 것이오. 다른 좋은 가르침이 없어서가 아니오. 그 어떤 훌륭한 일을 하더라도 먼저 겸손한 마음이 갖추어지지 않았다면, 또 그 일을 겸손으로 행하지 않는다면, 그리고 일을 마친 뒤에도 겸손이 뒤따르지 않는다면, 교만이 틀림없이 그 모든 것을 앗아가 버릴 것이기 때문이오.[27]

아우구스티노 성인도 젊은 시절에 우연히 만난 한 걸인을 통해 자신의 교만을 깊이 깨달은 적이 있었다.

> 어느 날 당신은 제가 얼마나 가련한지 깊이 느끼게 하셨습니다. 저는 그날 황제를 칭송하는 연설을 준비하고 있었고 연설문은 거짓말로 가득 차 있었지만, 사람들은 으레 그것을 알면서도 저에게 박수갈채를 보낼 것이었기에 저는 온통 그 일에만 정신이 팔린 채 밀라노의 한 골목을 걷고 있었습니다. 그리고 바로 그곳에서 초라한 한 걸인을 보게 되었습니다. 그는 이미 술에 취해 있었고 헤헤거리며 즐거워하고 있었습니다. … 그 걸인은 몇 푼 안 되는 돈으로 얻은 일시적인 행복을 누리고 있었는데, 저는 그것을 얻고자 온갖 험한 길을 헤매며 헉헉대고 있었습니다. 물론 그 걸인이 참된 행복에 도달했다고는 할 수 없지만, 제가 야망에 불타 찾고 있던 행복은 걸인의 일시적 행복보다 더 헛된 것이었습니다. 어쨌든 그는 명랑했고, 저는 불안에 떨고 있었습니다. 그는 근심이 없었지만, 저는 두려움에 가득 차있었습니다.[28]

술에 취한 것이나, 야망에 취한 것이나, 명예에 취한 것이나, 재물에 취한 것이나 모두 진정한 행복과는 거리가 멀다. 인간은 하느님을 향하도록 만들어졌기 때문이다.

> 당신은 우리를 당신을 향해 살도록 창조하셨으니, 당신 안에서 안식할 때까지 우리 마음은 편안하지 않나이다.[29]

베드로 사도처럼 겸손해지기 위하여

다시 베드로 사도 이야기로 돌아가보자. 베드로가 처음부터 겸손했던 것은 아니었다. 예수님의 공생활 시절, 그는 어느 제자보다도 야심이 컸다. 실제로 그를 포함한 제자들은 누가 가장 큰 사람이냐 하는 문제로 다투기도 했다.마르 9,34; 10,41; 루카 22,24 참조 심지어 스승과의 마지막 만찬 때 주님께서 열두 사도에게 "오늘 밤에 너희는 모두 나에게서 떨어져 나갈 것이다"마태 26,31라고 하시자, 베드로는 "모두 스승님에게서 떨어져 나갈지라도, 저는 결코 떨어져 나가지 않을 것입니다"26,33라고 장담한다.

그는 어쩌면 다른 사도들보다 자기가 우월하다고 여겨서 그렇게 다른 사도들을 은근히 낮추는 식으로 표현했을지도 모른다. 한때 그랬다 하더라도, 이제 성령을 모신 베드로는 온전히 그분의 이끄심에 순종하며, 사람들을 구원으로 인도하기 위해 그리고 오직 주님의 영광을 드러내기 위해 열과 성을 다할 뿐이다. 이렇게 철저히 겸손해진 그가 우리에게 들려주는 말이 있다.

봉사하는 이는 하느님께서 주신 힘으로 봉사해야 합니다. 그리하면 하느님께서 무슨 일에서든지 예수 그리스도를 통하여 영광을 받으실 것입니다. 그분께서는 영원무궁토록 영광과 권능을 누리십니다. 아멘. 1베드 4,11

베드로 사도의 말을 깊이 새겨볼 필요가 있다. 교회 안에서 봉사 직분에 몸담고 있다면 자신의 힘이 아닌 하느님이 주신 힘으로 하늘나라 건설을 위해 일하는 사람이기에, 일의 어떤 결실을 거두었을 때도 사람들의 칭찬을 받고자 우쭐대거나 자신의 영광을 도모해서는 안 된다.

이와 관련하여 미켈란젤로의 <피에타> 조각상에 얽힌 이야기를 소개한다.

중세 예술가들은 작품에 서명을 남기지 않았다. 그들이 발휘한 예술적 재능이 원래 자신들의 것이 아니라 하느님께서 당신의 영광을 드러내라고 주신 은사라고 여겼기 때문이다.

미켈란젤로도 마찬가지였다. 그런데 그의 작품 가운데 단 하나의 예외가 있다. 바로 바티칸 대성전 안에 있는 피에타상이다.

이 작품은 미켈란젤로가 이십육 세 때 완성한 걸작이다. 미켈란젤로도 처음에는 이 작품에 서명하지 않았다. 그런데 피에타상이 대중에게 전시되었을 때, 몰래 관람객들 사이에 섞여있었던 미켈란젤로는 사람들이 그것을 다른 작가의 작품이라고 말하는 것을 듣고 참을 수가 없었다.

Zde, Wikimedia Commons

그리하여 그날 밤 피에타상이 자신의 작품임을 드러내기 위해 성모님의 어깨띠 부분에 라틴어로 MICHAEL.A[N]GELVS BONAROTVS FLORENT[INVS] FACIEBAT라고 새겨넣었다. 이는 '피렌체(플로렌스)의 미켈란젤로 부오나로티가 만들었다'라는 뜻이다. 굳이 '피렌체의 미켈란젤로'라고 명시한 것은 같은 이름을 갖고 있는 다른 예술가와의 혼동을 원천적으로 막기 위해서였다. 그만큼 자신의 작품임을 온 천하에 알리고 싶었던 것이다.

훗날 미켈란젤로는 자신의 태도를 몹시 후회했다. 자신에게 예술의 은사를 주신 주님을 망각한 채, 오로지 자신의 재능으로 작품을 제작한 것처럼 행세하며 사람들의 박수갈채를 받으려고 했음을 뉘우쳤다. 그 뒤로 그는 자신의 어떤 작품에도 다시는 서명하지 않았다.

<피에타>에 성모님의 절제된 슬픔이 훌륭하게 표현되었다고 극찬하는 이들이 있었는가 하면, '예수님에 비해 성모님의 몸이 더 크게 표현되어 피에타상의 주인공이 예수님이 아니라 성모님 같다' 또는 '아들이 죽었는데도 어머니가 충분히 슬퍼하는 것 같지 않다' 하며 비판하는 이들도 있었다. 미켈란젤로는 그 작품을 비판하는 이들에게 "이 조각은 하느님께 봉헌한 것이니 감히 인간의 시선으로 평가하지 마시오"라고 응답했다고 한다.

피에타상을 위에서 내려다보면 성모님의 얼굴은 보이지 않고 옅은 미소를 머금고 있는 예수님의 모습만 눈에 들어온다.

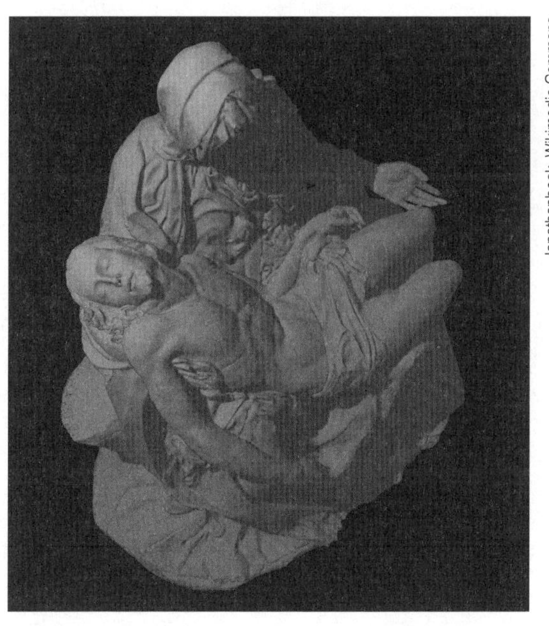

Jonathanbeck, Wikimedia Commons

예수님의 모습이 참으로 평화롭다. 겟세마니에서 비통과 번민 속에 괴로워하시면서 고난의 잔을 마시지 않게 해달라고 청하셨던 예수님, 그것도 피땀 흘리며 세 번이나 청하셨던 예수님이 마침내 고난의 잔을 온전히 받아들이셨다. 우리를 너무나 사랑하신 나머지 우리를 죄의 굴레로부터 해방시키시려고 그 모든 고난을 감내하신 그분의 모습이 더없이 숭고하다.

나는 은도 금도 없습니다

그러나 내가 가진 것을 당신에게 주겠습니다

나자렛 사람 예수 그리스도의 이름으로 말합니다

일어나 걸으시오

사도 3,6

• 2장 •

감옥에 갇힌 베드로와 요한

1

박해의 시작

베드로와 요한이 백성에게 말하고 있을 때에 사제들과 성전 경비대장과 사두가이들이 다가왔다. … 그들은 사도들을 붙잡아 이튿날까지 감옥에 가두어 두었다. 사도 4,1-3

사제들, 성전 경비대장, 사두가이들

사두가이들은 이른바 귀족 사제들로서 예루살렘 성전에서 기득권을 누렸다. 사두가이들의 수장은 대사제이고, 성전 경비대장은 대사제 다음으로 높은 계급이었다.[1] 한편 평사제들은 평소에는 고향에서 생업에 종사하며 살다가 자기 순번이 되면 성전에 가서 사두가이들의 지시에 따라 성전 봉사를 했다.

교회가 창립된 이래 수많은 이가 그리스도 예수님 때문에 박해를 받고 감옥에 갇히는 일이 계속되었는데, 그중 가장 먼저 잡혀갔던 이가 바로 베드로와 요한 사도였다. 두 사도가 감옥에 갇히게 된 경위는 이러하다.

베드로와 요한은 오후 세 시 기도에 참석하기 위해 가다가 성전 입구에서 만난 불구자를 치유하게 되었고, 그로 말미암아 몰려든 사람들에게 솔로몬 주랑에서 복음을 선포할 수 있는 기회를 얻게 된다. 저녁 희생 제사를 책임진 평사제들은 기도 시간이 되었는데도 사람들이 나타나지 않자 이상하게 여겨 사두가이들에게 알렸고, 성전 경비대원들은 기도하러 성전에 들어오던 사람들이 솔로몬 주랑에서 베드로라는 사람의 이야기를 듣고 있음을 경비대장에게 보고했다. 그리하여 '성전 경비대장과 사두가이들이' 격분해서 즉시 베드로와 요한이 있는 곳으로 달려왔다.

사두가이들이 베드로와 요한 사도의 복음 선포 행위를 못마땅하게 생각하고 그들을 붙잡아 들인 이유는 다음과 같다.

> 그들은 사도들이 백성을 가르치면서 예수님을 내세워 죽은 이들의 부활을 선포하는 것을 불쾌히 여기고 있었다. 사도 4,2

성경 본문에 따르면 그들이 화가 난 이유는 첫째, 사도들이 '백성을 가르쳤다'는 것이다. 성전에서 백성을 가르칠 수 있는 권한은 사두가이들에게만 있었는데, 사도들이 감히 그 권한을 침해했다고 생각했기 때문이다. 둘째, 로마제국에 대한 반역죄로 이미 사형에 처해진 예수가 다시 살아났다고 사도들이 전하고 있었기 때문이다. 셋째, 사도들이 예수님의 부활뿐 아니라 '죽은 이들의 부활'을 선포하고 있었기 때문이다.

이 세 가지 이유 가운데 사두가이들이 가장 불쾌하게 여긴 것은 두 번째 이유다. 그들에게는 자기들이 죽게 만든 예수가 다시 살아났다는 소식이 마치 어떤 저주처럼 들렸을지도 모른다. 그래서 그들은 예수란 이름조차 언급하기 싫었겠지만, 어쩔 수 없이 지칭해야 했을 때는 '예수' 대신 다른 표현을 쓴다.

> 그러니 이 일이 더 이상 백성 가운데로 퍼져나가지 않도록, 다시는 아무에게도 그 이름으로 말하지 말라고 엄중히 경고만 합시다. 4,17

> 우리가 당신들에게 그 이름으로 가르치지 말라고 단단히 지시하지 않았소? 그런데 보시오, 당신들은 온 예루살렘에 당신들의 가르침을 퍼뜨리면서, 그 사람의 피에 대한 책임을 우리에게 씌우려 하고 있소. 5,28

예수님이 다시 살아났다는 사도들의 선포는 어쩌면 사두가이들에게 불쾌감을 넘어 공포심을 안겨주었을 것이다. 사도들의 말이 사실이라면 그들이 그동안 정치적·경제적으로 누려왔던 기득권이 모두 사라질 위기에 처할 판이었다. 만일 다윗의 왕통을 잇는 메시아 예수가 다시 살아나루카 23,2 참조 이스라엘의 독립을 시도한다면, 로마가 군대를 보내어 예루살렘 성전을 초토화시킬지도 모르는 일이었다. 그렇게 되면 성전을 중심으로 누려왔던 자신들의 정치적 권력은 물론이고, 성전세를 비롯하여 희생 제사에 사용되는 가축들의 독점 판매로 얻곤 했던 경제적 이익도 한순간에 잃게 될 것이었다.

> 저 사람이 저렇게 많은 표징을 일으키고 있으니, 우리가 어떻게 하면 좋겠소? 저자를 그대로 내버려 두면 모두 그를 믿을 것이고, 또 로마인들이 와서 우리의 이 거룩한 곳과 우리 민족을 짓밟고 말 것이오. 요한 11,47-48

최고 의회에서 사두가이들이 걱정하자 그해의 대사제인 카야파가 이렇게 말한다.

> 여러분은 아무것도 모르는군요. 온 민족이 멸망하는 것보다 한 사람이 백성을 위하여 죽는 것이 여러분에게 더 낫다는 사실을 여러분은 헤아리지 못하고 있소. 11,49-50

카야파가 했던 말대로 사두가이들은 자신들이 기득권을 계속 누릴 수 있으려면 한 사람이 온 백성을 위하여 죽는 것이 더 낫다고 여기며 예수님을 사형에 처했는데, 이제 와서 그분이 부활했다고 하니 공포에 사로잡히지 않을 수 없었을 것이다.

부활을 믿지 않았던 사두가이들

사두가이들이 베드로와 요한 사도의 복음 선포를 불쾌하게 여긴 또 하나의 이유가 사도들이 예수님의 부활을 내세워 죽은 이들의 부활을 선포했기 때문이라고 했는데, 부활을 믿지 않던 사두가이들이 예수님께 던졌던 질문을 떠올려 보자.

스승님, 모세는 '어떤 사람이 자식 없이 죽으면, 그의 형제가 죽은 이의 아내와 혼인하여 그의 후사를 일으켜 주어야 한다'고 하였습니다. 그런데 저희 가운데 일곱 형제가 있었습니다. 맏이가 혼인하여 살다가 죽었는데, 후사가 없어서 아내를 동생에게 남겨 놓았습니다. 둘째도 셋째도 그러하였고 일곱째까지 그러하였습니다. 맨 나중에는 그 부인도 죽었습니다. 그러면 부활 때에 그 여자는 그 일곱 가운데 누구의 아내가 되겠습니까? 그들이 다 그 여자를 아내로 맞아들였으니 말입니다. 마태 22,24-28

사두가이들이 부활을 믿지 않는 이유는, '성경'에 나오지 않기 때문이었다. 그들이 말하는 성경은 모세오경이었으며, 모세오경에는 부활에 대한 언급이 없다. 부활 신앙은 다니엘서[2]와 지혜서[3] 그리고 마카베오기[4]에 나올 뿐이다. 그런데 사두가이들은 예언서나 지혜문학을 '성경'으로 간주하지 않았기에, 부활도 믿지 않았던 것이다.[5]

2

최고 의회의 신문과 베드로의 응답

그들은 사도들을 붙잡아 이튿날까지 감옥에 가두어 두었다.
이미 저녁때가 되었기 때문이다.
그러나 사도들의 말을 들은 사람들 가운데 많은 이가 믿게 되어,
장정의 숫자는 오천 명가량이나 되었다.
이튿날 유다 지도자들과 원로들과 율법 학자들이 예루살렘에 모였다.

사도 4,3-5_필자 직역

위 본문에 절을 각각 표기하여 다시 한번 적어보면, 사도행전 저자인 루카의 의도를 보다 분명히 알 수 있다.

3절 그들은 사도들을 붙잡아 이튿날까지 감옥에 가두어 두었다. 이미 저녁
때가 되었기 때문이다.
4절 그러나 사도들의 말을 들은 사람들 가운데 많은 이가 믿게 되어, 장정의
숫자는 오천 명가량이나 되었다.
5절 이튿날 유다 지도자들과 원로들과 율법 학자들이 예루살렘에 모였다.

3절 다음에 5절이 와야 이야기 흐름이 자연스럽다. 3절에서 사두가이들이 베드로와 요한을 붙잡은 시점이 이미 '저녁'이었기에 일단 그들을 감옥에 가두어 두고, 이튿날 두 사도를 신문하기 위해 유다 최고 의회가 열렸다고 보는 것이 자연스럽기 때문이다. 그런데 왜 루카는 사도들의 복음을 듣고 신자가 된 이들이 오천 명가량이 되었다는 구절을 3절과 5절 사이에 삽입했을까? 이는 복음을 선포한 사도들을 감옥에 가둘 수는 있어도, 복음은 가둘 수 없음을 강조하기 위한 구성이라 볼 수 있다.[6]

그날 사도들의 복음 선포를 들은 이들은, 베드로와 요한이 잡혀가는 것을 보면서도 동요하지 않고 오히려 사도들이 한 말을 믿었다는 이야기다. 이처럼 구원의 복음은 박해를 받을수록 더 널리 퍼져나갔다.

이 복음을 위하여 나는 죄인처럼 감옥에 갇히는 고통까지 겪고 있습니다.
그러나 하느님의 말씀은 감옥에 갇혀있지 않습니다. 2티모 2,9

'그러나'와 '그럼에도 불구하고'의 신앙

사도행전은 거의 모든 장에서 '박해' 또는 박해와 관련된 이야기를 다루고 있다. 그런데 이러한 내용을 다룰 때 거의 늘 함께 등장하는 단어가 있다. '그러나' 또는 '그럼에도 불구하고'라는 의미의 그리스말 '데δέ'이다.

그들[최고 의회 의원들]은 사도들을 붙잡아 이튿날까지 감옥에 가두어 두었다. 이미 저녁때가 되었기 때문이다. 그러나δέ 사도들의 말을 들은 사람들 가운데 많은 이가 믿게 되어, 장정만도 그 수가 오천 명가량이나 되었다. 사도 4,3-4 필자 직역

그들[최고 의회 의원들]은 이 말을 듣고 마음에 화가 치밀어 스테파노에게 이를 갈았다. 그러나δέ 스테파노는 성령이 충만하였다. 그가 하늘을 유심히 바라보니, 하느님의 영광과 하느님 오른쪽에 서계신 예수님이 보였다. 7,54-55

그리하여 베드로는 감옥에 갇혔다. 그러나δέ 교회는 그를 위하여 하느님께 끊임없이 기도하고 있었다. 12,5_필자 직역

위의 본문들에서 보듯이 박해나 박해자가 언급되면, 곧바로 '데δέ'가 등장하면서, 박해 상황에 맞서는 신자들의 담대한 모습 또는

박해 속에서도 성장하는 교회에 관한 내용이 이어진다.[7] 그들의 신앙은 관념적인 것이 아니라, 삶의 질곡과 시련 속에서도 온몸으로 증거하는 실천적인 것이었다. 그것은 우리가 초대교회 신자들에게 배워야 하는 가장 중요한 삶의 자세이기도 하다.

삶은 우리가 통제할 수 없는 것들로 점철되어 있다. 병이나 사고로 건강을 잃기도 하고, 실수나 잘못된 결정으로 실패를 겪기도 하며, 친밀하고 소중한 사람들에게 상처를 입기도 한다. 우리 힘으로 통제할 수 없는 고통이 덮쳐왔을 때 낙담과 절망에 빠지지 않고 '그러나'와 '그럼에도 불구하고'의 정신으로 마음을 다잡을 수 있는 비결은, 어떤 확고한 신념에서 오는 것이 아니다. 사실 우리는 마치 바닥에 떨어뜨리면 산산조각이 나는 유리그릇처럼 너무도 약한 존재들이다. 하지만 늘 우리와 함께 계시며 우리를 돌보시는 하느님 덕분에 우리는 '그러나' 또는 '그럼에도 불구하고' 매번 다시 우뚝 설 수 있는 것이다.

삶의 든든한 버팀목이 되어주시는 하느님 안에서 이미 본향을 찾았던 에디트 슈타인은, 죽음의 수용소에서도 '주님, 당신은 저를 포근하게 감싸주시고 안전하게 보호하시는 공간입니다'라고 고백했다. 그 고백을 시편의 언어로 바꿔보면 다음과 같을 것이다.

주님은 나의 빛, 나의 구원, 나 누구를 두려워하랴? 주님은 내 생명의 요새. 나 누구를 무서워하랴? 시편 27,1

하느님은 우리의 피난처요 힘이시니, 환난 중에 만날 큰 도움이시네. 그러므로 땅이 흔들리든지 산들이 바다 가운데로 옮겨지든지 우리는 두려워하지 않으리라. 46,2-3 참조

그분만이 내 바위, 내 구원, 내 성채. 나는 결코 흔들리지 않으리라. 62,3

내 도움과 내 영광이 하느님께 있으며 내 견고한 바위와 피신처가 하느님 안에 있네. 62,8

태어나면서부터 고통으로 얼룩진 삶을 살았던 시인 마가렛 클락슨Margaret Clarkson은, 자신의 삶에 또 다른 고통이 찾아온다 해도 하느님을 의지할 것이라고 하면서 그 비결을 다음과 같이 일러준다.

그렇게 되려면 언제나 우리 의지가 우선해야 한다. 모든 일을 주관하시는 하느님의 무한한 선하심과 그분의 섭리를 굳게 믿으며, 무슨 일이 일어나든 섣불리 감정에 휘둘리지도 않으며, 한눈팔지 않고 오로지 하느님께만 집중하겠다는 결단을 내리는 것이다.[8]

위협과 두려움 때문에 총출동한 유다 지도자들

이튿날 유다 지도자들, 곧 원로들과 율법 학자들이 예루살렘에 모였다. 그 자리에는 한나스 대사제, 카야파와 요한, 알렉산드로스와 그 밖의 대사제 가문 사람들도 모두 있었다. 사도 4,5-6_필자 직역

이 본문에서 주목할 점은 현역 대사제인 카야파보다 전임 대사제인 한나스의 이름이 먼저 언급되었다는 점이다. 이는 한나스가 퇴임 후에도 여전히 막강한 영향력을 행사하고 있었음을 보여준다. 한나스는 기원후 6년 로마가 유다 임금이었던 헤로데 아르켈라오스(헤로데 임금의 아들)를 추방하고 로마에서 파견한 총독을 통해 그 지역을 통치하던 시기에 첫 번째로 임명된 대사제였다. 그는 로마의 신임을 받아 무려 구 년 동안(기원후 6년부터 15년까지) 대사제로 있었고, 그가 물러난 다음에는 그의 다섯 아들이 번갈아 대사제 직분을 수행했다.[9]

대사제인 카야파는 한나스의 사위[10]였으며, 대사제들의 대부와 같은 존재였다. 그는 중대한 사안에 늘 영향력을 행사하곤 했다. 최고 의회에는 한나스뿐만 아니라 전직 대사제였던 요한과 알렉산드로스도 참석했다.[11] 이는 베드로와 요한의 복음 선포를 사두가이들은 물론이고 전현직 대사제들까지 경계하고 있었음을 말해준다. 앞서 언급했듯이 만일 이스라엘의 임금이라고 알려진 예수님이 살아있다는 소문이 로마 황제의 귀에 들어가게 되면, 조만

간 예루살렘은 초토화될 것이 뻔했기 때문이었다. 이는 그들이 사도들을 신문하면서 누구의 이름으로 병자를 치유했는지를 가장 먼저 물은 것만 봐도 그들의 두려움과 공포를 짐작할 수 있다.

그들은 사도들을 가운데에 세워놓고

그들은 사도들을 가운데에 세워놓고, "당신들은 무슨 힘으로, 누구의 이름으로 그런 일을 하였소?" 하고 물었다. 그때에 베드로가 성령으로 가득 차 그들에게 말하였다. "백성의 지도자들과 원로 여러분, 우리가 병든 사람에게 착한 일을 한 사실과 이 사람이 어떻게 구원받았는가 하는 문제로 오늘 신문을 받는 것이라면, 여러분 모두와 온 이스라엘 백성은 이것을 알아야 합니다. 나자렛 사람 예수 그리스도의 이름으로, 곧 여러분이 십자가에 못 박았지만 하느님께서 죽은 이들 가운데에서 다시 일으키신 바로 그분의 이름으로, 이 사람이 여러분 앞에 온전한 몸으로 서게 되었습니다." 4,7-10

이 본문은 초대교회 설립 이후 사도들과 유다 공권력의 첫 번째 대립을 기록하고 있다. 최고 의회 의원들이 반원형으로 둘러앉은 가운데, 베드로와 요한이 서있다. 유다교 구전 율법집 미쉬나의 기록에 따르면, 최고 의회(산헤드린)에서는 이러한 반원형 배치로 재판을 진행했다.[12] 평범한 어부 출신인 두 사도가 유다교 최고 권력 기관 앞에 서있는 것이다. 그곳에서 신문을 당하는 입장이라면 위압감과 공포심에 얼어붙을 법한 상황이었다. 최고 의회의 신문이 시작된다.

> 당신들은 무슨 힘으로, 누구의 이름으로 그런 일을 하였소?사도 4,7

성령으로 가득 차

최고 의회가 던진 질문에 대한 베드로의 응답은 단순히 자신을 변호하기 위한 것이 아니었다. 그는 "여러분 모두와 이스라엘 백성은 이것을 알아야 합니다"4,10 하며 마치 최고 의회 의원들을 가르치듯이 말한다. 불과 얼마 전까지도 대사제 저택 문지기 하녀의 추궁에 벌벌 떨며 예수님을 모른다고 부인했던 베드로가마태 26,69-72; 요한 18,17 참조 더는 아니었다. 사도행전의 저자 루카는 베드로의 이러한 변화가 어디에서 오는지를 분명히 알려준다.

> 베드로가 성령으로 가득 차 그들에게 말하였다.사도 4,8

담대함과 확신으로 최고 의회 관리들을 가르치고 있는 베드로의 모습은, 예수님이 공생활 때 사도들에게 하신 약속이 성취되었음을 보여준다.

너희는 회당이나 관청이나 관아에 끌려갈 때, 어떻게 답변할까, 무엇으로 답변할까, 또 무엇을 말할까 걱정하지 마라. 너희가 해야 할 말을 성령께서 그때에 알려 주실 것이다. 루카 12,11-12

지금 베드로는 혼자가 아니다. 성령께서 함께하신다. 우리도 마찬가지다. 우리는 혼자가 아니며, 성령께서 우리와 함께하신다. 우리가 복음을 살며 주님을 증거하고자 할 때, 그분은 늘 우리와 함께하시며 지혜와 힘을 불어넣어 주신다.

이른바 '신문받는 자'였던 베드로가 당당하게 '여러분 모두와 온 이스라엘 백성은 이것을 알아야 합니다'라고 외쳤던 것과 관련하여 존자 베다는 다음과 같이 말한다.

이른바 무지렁이들이 복음을 선포하고 있습니다. 그것은 신앙이나 달변이나 지식에서 오는 것이 아니라 성령의 능력에서 비롯되는 것임을 사람들에게 알게 하려는 것이었습니다.[13]

최고 의회 의원들은 자기들이 대수롭지 않게 여기던 아랫사람으로부터 '여러분 모두와 온 이스라엘 백성은 이것을 알아야 합니다'라는 식의 말을 들어본 적이 없었겠지만, 이제는 베드로 사도의 말에 귀를 기울여야 한다. 그래야 구원을 받을 수 있기 때문이다. '여러분 모두와 온 이스라엘 백성은 이것을 알아야 합니다'에서 ‘이것’은 예수님의 부활 사건과 선천적 불구자가 예수님의 이름으로 치유된 사건을 가리킨다.

베드로는 자기 목숨에 대한 미련을 이미 떨쳐버린 사람이며, 예수님과 복음을 위해서라면 언제든 기꺼이 목숨을 내어놓을 준비가 되어있다. 그렇기에 ‘여러분이 십자가에 못 박았지만’이라고 하며 예수님 죽음에 대한 책임이 그들에게 있음을 분명한 어조로 고발한다.

베드로가 예수님과 복음 때문에 목숨을 잃는 것을 전혀 두려워하지 않는다는 것은 사도행전 12장에서도 잘 드러난다. 그는 헤로데 임금의 명령으로 감옥에 갇히게 된다. 앞서 야고보 사도가 이미 헤로데 임금의 손아귀에서 순교한 터였다. 며칠 동안 감옥에 갇혀있던 베드로를 헤로데가 끌어내려고 하던 그 전날 밤, 손목에는 쇠사슬이 채워지고 두 병사가 양쪽에서 자신을 감시하고 있는 그 불편한 상황 속에서도 그는 세상모르고 자고 있었다. 어찌나 깊이 잠들었는지, 그를 탈출시키려 온 천사가 옆구리를 찔러 깨워야 할 정도였다. 이처럼 베드로는 성령을 자기 안에 모신 다음부터는 더 이상 죽음을 두려워하지 않는 용기를 지닌다. 그러한 용기는 직면한 위험 앞에서 앞뒤 재지 않고 덤벼드는 무모함이 아니라, 진리를 위해 위험을 무릅쓰고 앞으로 나아가는 것이며 성령과 함께할 때만 발휘할 수 있다.

어떻게 구원받았는가 하는 문제로

베드로는 불구였던 사람이 '치유되었다'가 아니라 '구원받았다'사도 4,9 참조라고 말한다. 이 표현은 스승인 예수님에게 배운 것이다. 그분은 병자를 치유한 후 '병이 나았다'라고 하지 않고 "네 믿음이 너를 구원하였다"마르 5,34; 10,52; 루카 17,19라고 하셨다.

예수님이 '구원받았다'라고 하신 데에는 두 가지 이유가 있다. 첫째, 예수님은 단순히 육신의 병만이 아니라 정신과 영혼까지 모두 치유하셨기 때문이다. 둘째, 치유받은 사람이 이제부터 하느님과 함께 살아갈 것이기 때문이다.

아직도 많은 사람이 '구원받다'라는 표현을 '죽어서 천국에 가다' 정도로 생각하지만, 구원은 먼 훗날의 이야기라기보다 바로 지금 여기에서 생명을 온전히 누리는 것을 의미한다. 예수님이 하신 말씀들을 떠올려 봐도 알 수 있다.

딸아, 용기를 내어라. 네 믿음이 너를 구원하였다. 바로 그때에 그 부인은 구원을 받았다. 마태 9,22

네 믿음이 너를 구원하였다. 평안히 가거라. 루카 7,50

그 옷자락 술에 그들이 손이라도 대게 해주십사고 청하였다. 과연 그것에 손을 댄 사람마다 구원을 받았다. 마태 14,36

베드로와 요한 옆에 있었던 '이 사람'

베드로와 요한이 최고 의회에서 증언할 때 '이 사람'이라는 표현을 연달아 두 번 반복한다.

> 이 사람이 어떻게 구원받았는가 하는 문제로 오늘 신문을 받는 것이라면, 하느님께서 죽은 이들 가운데에서 다시 일으키신 바로 그분의 이름으로, 이 사람이 여러분 앞에 온전한 몸으로 서게 되었습니다. 사도 4,9-10

태생 불구자였던 '이 사람'이 극적으로 치유된 뒤 최고 의회에서도 베드로와 요한 곁에 있었음을 알 수 있는 본문이다. 그는 어쩌면 두 사도가 감옥에 잡혀갔을 때도 그들 곁을 떠나지 않았을 것이다. 태어날 때부터 장애가 있어서 구걸하며 지낼 수밖에 없는 상황이었다면, 자신의 처지와 세상을 원망하며 살기가 쉬웠을 텐데 '이 사람'은 고귀한 인품을 지녔던 것 같다. 요한복음 9장에 나오는 태생 소경 또한 바리사이들의 계속되는 추궁에도 자신의 눈을 뜨게 해주신 예수님을 끝까지 옹호하며 그분을 증언했다.

최고 의회가 베드로와 요한과 함께 이 사람을 붙잡아 들인 것은 자충수가 되고 말았다. 예수님의 이름으로 치유받아 구원을 얻은 그의 존재 자체가 백만 마디의 말보다 더 강력한 복음 선포였기 때문이다. 그래서 최고 의회 의원은 이렇게 한탄한다.

저 사람들을 어떻게 하면 좋겠습니까? 저들을 통하여 명백한 표징이 일어났다는 사실이 예루살렘의 모든 주민에게 알려진 터이고, 우리도 그것을 부인할 수가 없습니다. 4,16

이와 관련하여 요한 크리소스토모는 이렇게 말했다.

진정 놀라운 것은 이것이다. 적들이 사도들을 감옥에 가두고 신문했으며 매질까지 했음에도, 정작 그들이 사도들을 제압하려고 사용했던 바로 그 수단들에 의해 도리어 자신들이 곤경에 처하게 되어 쩔쩔매는 상황이 발생한 것이다. … 이는 승리의 새로운 법칙이다.결코 굴복하지 않고 역경을 헤쳐나가며 끝까지 싸움에 임하면 결국 승리한다.[14]

유일한 구원자 예수님

이 이름 말고 다른 어느 누구에게도 구원받을 수 없습니다. 사실 사람들에게 주어진 이름들 가운데 우리가 의지하여 꼭 구원받아야만 하는 또 다른 이름은 하늘 아래 없습니다. 4,12_필자 직역

구원이 예수 그리스도라는 '이 이름'에서 온다고 말하면서 베드로는 두 가지 강조법을 사용한다.

첫째, 비슷한 말의 반복이다. '다른 어느 누구에게도 구원받을 수 없습니다'사도 4,12_필자 직역라고 한 다음, 이어서 '사람들에게 주어진 이름들 가운데 우리가 의지하여 꼭 구원받아야 할 또 다른 이름은 하늘 아래 없습니다'라고 한다. '하늘 아래' 다른 이름이 없다는 것은 하느님이 창조하신 모든 것 안에는 없다는 의미다.

둘째, '꼭 구원받아야만 하는'이라고 하면서 당위성을 표현하는 동사 데이δεῖ를 쓰고 있다. 베드로는 '우리는 예수님으로 말미암아 구원받을 수도 있습니다'라고 하지 않고, '우리는 예수님으로 말미암아 꼭 구원받아야만 합니다"라고 한다. 베드로의 이 말을 다음과 같이 풀어 쓸 수도 있겠다.

> 구원을 얻고 싶은가? 찾아보라. 하늘 저 높은 곳이나 지하 세계에서 찾아보라. 오직 예수님의 이름 외에는 그 어디에서도 인간에게 구원을 가져다줄 이름은 찾지 못할 것이다. 예수님만이 우리를 구원할 수 있다.

구원은 오직 예수님에게서만 오는가?

'구원이 예수 그리스도에게서만 오는 것이라면, 다른 종교를 믿는 이들은 어떻게 되는가?', '나와 종교가 다른 가족은?', '예수님을 모르고 살다 간 조상들은 어떻게 되는 건가?' 등의 의문이 생길 수 있을 것이다.

이러한 질문들에 대해 제2차 바티칸공의회는 다른 종교를 믿는 이들에게도 구원의 길이 열려있음을 선언했다. 곧 하느님께서는 모든 사람이 구원받기를 원하시고, 예수 그리스도의 죽음은 모든 인류의 구원을 위한 것이었으며, 성령께서 교회 밖에도 진리의 씨앗을 뿌리셨기에, 비록 입으로는 예수님을 주님이라 고백하지 않더라도 자신이 속한 종교나 양심에 계시된 하느님의 뜻을 따라 산다면 누구나 구원에 이를 수 있다는 것이다.

> 자기 탓 없이 그리스도의 복음과 그분의 교회를 모르지만 진실한 마음으로 하느님을 찾고 양심의 명령을 통하여 알게 된 하느님의 뜻을 은총의 영향 아래에서 실천하려고 노력하는 사람은 영원한 구원을 얻을 수 있다.
>
> –「교회헌장」 16항

제2차 바티칸공의회에 참석했던 신학자 칼 라너가 '익명의 그리스도인' 이론을 정립하면서 제시한 명제들은 다음과 같다.

1. 하느님은 모든 인간을 구원하시겠다는 보편적 구원 의지를 가진 분이다.
2. 하느님은 이 구원 의지로써 처음부터 당신을 계시하셨고, 이러한 계시는 그분의 은총을 통해 인간에게 전달되었다.
3. 인류의 역사와 하느님의 구원사는 별개가 아니라 단일한 역사이며, 그 중심에 예수 그리스도의 파스카 사건이 자리 잡고 있다.

4. 인간은 본래 하느님의 은총으로 형성된 존재이며, 그분의 은총으로 들어 높여진 존재다.
5. 그러므로 그리스도교 신앙을 명시적으로 고백하지 않은 사람이라도 '익명의 그리스도인'으로 칭할 수 있다.

그렇다면 여기서 한 가지 짚고 넘어갈 점이 있다. 베드로 사도가 사람들에게 구원을 가져다줄 이름 가운데 예수님의 이름 말고 다른 이름은 하늘 아래 없다고 한 말은, 오랜 세월 그리스도가 오기를 기다리던 동족 유다인들을 향해 한 것이다. 그들이 기다린 그리스도가 바로 나자렛 예수님이기에, 그분을 믿어야 구원을 받을 수 있다고 외쳤던 것이다. 베드로가 이 말을 했던 순간에는, 다른 종교를 믿는 이들의 운명에 대해서는 전혀 고려하지 않았음을 염두에 두어야 한다.

3

당황한 최고 의회

그들은 베드로와 요한의 담대함을 보고 또 이들이 무식하고 평범한 사람임을 알아차리고 놀라워하였다. 그리고 이들이 예수님과 함께 다니던 사람들이라는 것도 알게 되었다. 사도 4,13

베드로와 요한의 담대함

'담대함'이라는 뜻인 파레시아παρρησία는 초대교회 공동체의 특징이기도 하다. 사도행전에서는 이 단어가 자주 나오는데, 특별히 우리가 지금 살펴보고 있는 사도행전 4장만 해도 거의 연달아서 세 차례나 등장한다.

그들은 베드로와 요한의 담대함을 보고 또 이들이 무식하고 평범한 사람임을 알아차리고 놀라워하였다. 사도 4,13

그러니 이제 주님, 그들의 협박을 살피시고 당신 종들로 하여금 아주 담대히 당신의 말씀을 전하게 하소서. 4,29_필자 직역

그들이 기도를 마치자 모여있던 곳이 흔들리고 그들은 성령으로 가득 차서 담대함을 가지고 하느님의 말씀을 전하였다. 4,31_필자 직역

사도행전이 이렇게 4장에서만 '담대함'이란 말을 거듭 사용한 것은 그만큼 사도들과 초대교회 신자들이 박해 가운데서도 복음 선포에 대한 흔들림 없는 용기와 확신으로 가득 차있었음을 강조하기 위해서였다.

그들의 담대함은 그들 자신에게서 나오는 것이 아니라 그들이 굳게 믿고 있는 예수님을 통한 구원 체험에 바탕을 두고 있고, 그들 안에 가득 찬 성령4,8 참조에 의해 현존을 드러내시는 주님과의 깊은 연대에서 나오는 것이다. 초대교회 신자들이 그랬듯이 우리 또한 주님 안에 깊이 뿌리내릴수록, 삶의 풍파 속에서 휘청거릴 수는 있어도 절대 쓰러지지는 않을 것이다. 바오로 사도가 말했듯이, 아무리 짓눌려도 찌부러지지 않고 환난 속에서도 실망하지 않으며 맞아 쓰러져도 죽지 않을 것이다. 2코린 4,8-11 참조

토마스 버츠Thomas Butts는 *Tigers in the Dark*(어둠 속의 호랑이들)이라는 저서에서, 어느 서커스단이 공연 도중 갑작스러운 정전으로 겪어야 했던 위기 상황에 대해 이렇게 묘사한다.

> 비록 잠깐 동안이었지만 관객들과 곡예사들은 칠흑 같은 어둠 속에 있었다. 그때 마침 조련사가 호랑이 우리 안에서 작업을 하고 있었기에 매우 위험한 순간이었다. 불이 다시 들어왔을 때 사람들은 모두 안도의 숨을 내쉬었다. 조련사가 살아있었기 때문이다. 나중에 기자들이 그에게 물었다. "호랑이들과 함께 우리 속에 있었을 때 어떤 느낌이었습니까? 호랑이들은 당신을 볼 수 있었지만, 당신은 호랑이들을 볼 수 없었을 텐데요." 조련사가 대답했다. "호랑이들은 내가 그들을 볼 수 없다는 사실을 알지 못했을 것이기에, 저도 채찍을 휘두르며 하던 일을 계속했지요."

삶의 어둠 속에 있을 때 그 상황에 휘둘리지 않고 '아무렇지도 않은 것처럼' 침착하게 어둠을 몰아내기 위해 꼭 필요한 것은, 하느님이 언제 어디서나 우리와 함께하신다는 굳센 믿음이다.

베드로와 요한은 '무식한' 사람?

유다 지도자들은 베드로와 요한을 '무식한 사람'사도 4,13 참조 으로 보았다. 그리스말 성경 본문에서 '무식한 사람'에 해당하는 아그람마토스ἀγράμματος는 공인된 라삐 교육기관에서 율법을 체계적으로 공부하지 못한 사람을 가리키는 말이다.[15] 이 말의 반대는 그람마테우스γραμματεύς로, 우리말 성경은 이 말을 '율법 학자'로 번역하고 있지만마태 2,4; 5,20; 7,29; 8,19 참조, 다른 말로 표현한다면 아그람마토스는 신학대학원 등에서 '학위를 받지 않은 사람'을 가리키고 그람마테우스는 '학위를 받은 사람'을 가리킨다. 그러므로 여기서 말하는 '무식함'은 '아는 게 전혀 없음' 또는 '행동 따위가 격에 맞지 않음'의 의미로 알아들어서는 안 된다. 단지 성경을 전문적으로 공부하지 않았음을 가리키는 표현일 뿐이다.

베드로와 요한은 '평범한' 사람?

최고 의회에 모인 사람들은 베드로와 요한을 가리켜 "평범한 사람"사도 4,13이라고 했는데, 그 표현에 해당하는 이디오테스ἰδιώτης는 '가르칠 수 있는 공적 자격을 갖추지 않은 사람'을 뜻한다. 당시 유다 백성들에게 종교교육을 할 수 있는, 특히 예루살렘 성전에서 가르칠 수 있는 자격을 부여받은 이들은 대사제들을 비롯하여 사두가이들과 율법 학자들 정도였다. 그런데 그런 공식 자격도 없는 사도들이 백성들을 가르쳤기에 이디오테스라는 말을 사용한 것이다.[16]

거듭 강조하지만, 최고 의회 입장에서는 성경이나 유다교에 관해 가르칠 자격도 없는 이들이 감히 "여러분 모두와 온 이스라엘 백성은 이것을 알아야 합니다"4,10 하며 예수님의 죽음과 부활 사건을 선포했을 때[17] 상당히 혼란스러웠을 것이다. 그들은 일찍이 베드로와 요한의 스승인 예수님을 보고도 "저 사람은 배우지도 않았는데 어떻게 성경을 잘 알까?"요한 7,15 하며 놀랐던 적이 있다. 그렇기에 최고 의회는 두 사도의 지혜와 통찰력이 그들의 스승인 예수님에게서 온 것이라고 믿을 수밖에 없었다.[18] 바로 다음에 이어지는 문장을 통해서도 그 점을 유추할 수 있다.

이들이 예수님과 함께 다니던 사람들이라는 것도 알게 되었다. 사도 4,13

당시 최고 의회는 잘 모르고 있었겠지만, 베드로와 요한 사도 안에서 지혜의 영과 용기의 영이 강력하게 역사하고 계셨다.

그분 곧 진리의 영께서 오시면 너희를 모든 진리 안으로 이끌어 주실 것이다. 그분께서는 스스로 이야기하지 않으시고 들으시는 것만 이야기하시며, 또 앞으로 올 일들을 너희에게 알려주실 것이다. 그분께서 나를 영광스럽게 하실 것이다. 나에게서 받아 너희에게 알려주실 것이기 때문이다. 요한 16,13-14

사도들의 지혜와 용기는 세상의 지식, 권력, 학벌 또는 재력에서 나온 것이 아니라, 주님과의 깊은 인격적 관계에서 비롯되었다. 이는 우리가 하느님의 도구로 쓰이는 데 있어서 세상적 조건이 본질이 아님을 가르쳐 준다. 예수님과 함께 다녔던 사도들이 그러했듯, 우리 또한 주님과의 깊은 친교를 통해 그분의 지혜와 힘을 받아 세상에서 담대하게 복음을 증거할 수 있을 것이다. 단순히 말로만 하는 선포에 그치지 않고, 우리의 삶을 통해 그리스도의 향기를 뿜어내야 할 것이다.

명백한 표징

그래서 그들은 사도들에게 최고 의회에서 나가라고 명령한 다음, 저희끼리 의논하며 말하였다. "저 사람들을 어떻게 하면 좋겠습니까? 저들을 통하여 명백한 표징이 일어났다는 사실이 예루살렘의 모든 주민에게 알려진 터이고, 우리도 그것을 부인할 수가 없습니다." 사도 4,15-16

최고 의회는 이제 베드로와 요한을 더 이상 신문하지 않는다. 두 사도의 치유 행위가 '명백한 표징'으로 예루살렘의 모든 주민에게 알려져서 그 사실을 부인할 수도 없었기에, 일단 두 사도를 내보낸 다음 어떻게 상황에 대처할지 논의한다.

베드로가 행한 치유 기적을 최고 의회가 '표징'으로 지칭한 것에 주목하자. 그리스말로 '기적'은 뒤나미스δύναμις이지만 최고 의회는 '표징'을 뜻하는 세메이온σημεῖον을 썼다. 뒤나미스는 기적 자체를 가리키지만, 세메이온은 어떤 진리를 뚜렷하게 드러내 보이는 표시(기적)를 뜻하는 말이다. 최고 의회는 베드로가 행한 기적을 통해, 십자가 위에서 돌아가신 예수님이 실제로 부활하셨다는 사실을 깨달았기에 세메이온이라고 일컬은 것이다.

그런데 최고 의회가 명백한 표징을 보았다고 해서 예수님을 주님이자 메시아로 받아들였다는 뜻은 아니다. 오히려 그들의 마음은 더욱 완고해져서 복음을 배척했을 뿐 아니라 사도들에게 복음을 더 이상 선포하지 말라고 지시한다.

불신앙에는 '정직한 불신앙'과 '정직하지 못한 불신앙'이 있다. 정직한 불신앙은 예수님을 주님으로 믿고 싶지만 풀리지 않는 의문으로 머뭇거리는 경우를 말하고, 정직하지 못한 불신앙은 최고 의회가 그랬듯 명백한 증거를 눈앞에 두고도 자신들의 지위나 입장 때문에 무시하고 믿지 않기로 작정하는 경우다.

철학자 버트란드 러셀Bertrand Russell의 경우도 정직하지 못한 불신앙에 가깝다고 할 수 있다. 어느 날 그는 이런 질문을 받았다. "당신이 죽은 다음에 하느님을 얼굴과 얼굴을 마주 보고 만나게 된다면 무슨 말을 하실 건가요?" 그러자 그는 이렇게 대답할 것이라고 했다. "하느님, 당신은 제게 충분한 증거를 보여주지 않았습니다."[19] 그는 자신의 완고한 마음을 돌아보기보다는, 하느님께서 충분한 증거를 보여주지 않았다고 탓했다.

> 만일 누군가가 나에게
> '왜 유다인들이 예수님을 믿지 않았을까요?'라고 묻는다면
> 나는 한마디로
> '그들이 원치 않았기 때문입니다'라고 대답할 것이다.[20]

쇠렌 키르케고르Søren Kierkegaard는 정직하지 못한 불신앙을 지닌 사람들에 관해 이야기하면서, 그들은 밝고 화사한 햇살이 들어오는 3층집을 갖고 있으면서도 한사코 어두운 지하실에만 있으려고 하는 사람들과 같다고 했다. 자신의 고집과 자존심 때문에 어둠 속에 한사코 남아있으려는 이들이다. 그곳에는 하느님에게서 오는 평화도, 사랑의 향기가 깃든 삶도 없다. 어떤 삶을 선택할지 스스로 식별해야 한다.

"그러니 이 일이 더 이상 백성 가운데로 퍼져나가지 않도록, 다시는 아무에게도 그 이름으로 말하지 말라고 엄중히 경고만 합시다." 그리하여 그들은 사도들을 불러 예수님의 이름으로는 절대로 말하지도 말고 가르치지도 말라고 지시하였다. 그러자 베드로와 요한이 그들에게 대답하였다. "하느님

> 의 말씀을 듣는 것보다 여러분의 말을 듣는 것이 하느님 앞에 옳은 일인지 여러분 스스로 판단하십시오. 우리로서는 보고 들은 것을 말하지 않을 수 없습니다." 사도 4,17-20

최고 의회는 베드로와 요한 사도를 어떻게 할 것인지 논의했으나, 결국 그들이 내릴 수 있었던 조치는 침묵하라는 명령뿐이었다.4,18 참조 최고 의회는 사도들이 그 명령에 복종하리라고 생각했는지도 모르지만, 사도들은 한 치도 물러서지 않고 당당하게 다음과 같이 말한다.

> 하느님의 말씀을 듣는 것보다 여러분의 말을 듣는 것이 하느님 앞에 옳은 일인지 여러분 스스로 판단하십시오. 우리로서는 보고 들은 것을 말하지 않을 수 없습니다. 4,19-20

유다교 지도자들의 명령을 일축하는 사도들의 말은 참으로 통쾌하다. 그들은 자신들의 목숨에는 전혀 관심을 두지 않는다. 베드로와 요한은 세 가지 이유로 최고 의회의 결정을 결코 받아들일 수 없었다.

첫째, "예루살렘과 온 유다와 사마리아, 그리고 땅 끝에 이르기까지 나의 증인이"1,8 되라고 하셨던 주님의 명령 때문이다.

둘째, 침묵하라는 지시를 내린 최고 의회 의원들도 이미 알고 있듯이 하느님의 뜻과 인간의 뜻이 충돌할 때는 하느님의 뜻을 따라야 한다는 진리 때문이다. 베드로가 최고 의회 의원들에게 하느님의 말씀을 듣는 것보다 사람의 말을 듣는 것이 하느님 앞에 옳은 일인지 스스로 판단해 보라고 한 말은 다름 아닌 성경과 유다 전통의 가르침을 환기시키는 표현이다.[21]

셋째, 사도들의 내면에서 들리는 거부할 수 없는 명령 때문이었다. 베드로와 요한은 자신들이 보고 들은 진리를 말하지 않을 수 없었다. 그들은 부활하신 예수님을 직접 뵈었고 함께 지내기도 했다. 그러므로 그들의 부활 신앙은 확고했고, 그 신앙이 모든 이에게도 전해져야 한다고 확신했다.

신앙의 눈으로 보면 세상 권력은 참으로 무력한 것이다. 최고 의회도 두 사도가 하느님의 말씀을 듣는 것보다 사람의 말을 듣는 것이 하느님 앞에 옳은 일인지 생각해 보라고 한 말을 반박할 수 없었다. 요한 크리소스토모는 이렇게 말한다.

> 보아라! 권력자들은 두려워하지만, 제자들은 확신에 차있다. 믿음 때문에 갇혀있어도 자유롭다는 것을 보여주었고, 반면 권력을 가진 것처럼 보이는 자들은 두려움에 묶여있다.[22]

인류 역사에는 국법이 하느님 법에 상치될 때 '아니오'라고 말한 사람들이 있었다. 토마스 모어도 그 가운데 하나다. 대법관이자 정치인이었던 그는 헨리 8세가 두 번째 결혼을 하기 위해서 가톨릭 교회와 결별하고 스스로 잉글랜드 교회의 수장이 되었을 때, 이를 분연히 반대하다가 반역죄로 처형되었다. 그는 "나는 왕의 좋은 신하이기 이전에 하느님의 착한 종으로서 죽는다"라는 말을 남기고 순교했다.

김대건 신부님을 비롯한 우리나라 순교자들도 조선의 국법이 그리스도교를 엄하게 금하고 있었지만, 국법을 따르기보다는 하느님의 법을 따랐기에 네 차례에 걸친 대대적인 박해를 겪었다.

> 임금 위에 천주님이 계신데
> 그분이 자신을 공경하도록 명하시므로
> 그분을 배반하는 것은
> 임금의 명령이 정당화시킬 수 없는 범죄요.[23]
> _성 김대건 안드레아

일제 시대 일본군이 우리나라 곳곳에 신사를 세워 그곳에서 일본 천황을 신으로 숭배하도록 명령하였을 때도 그 법을 따르지 않았던 그리스도인들은 고문과 투옥을 당하거나 순교했다.

그들은 백성 때문에 사도들을 처벌할 방도를 찾지 못하고 거듭 위협만 하고 풀어주었다. 그 일로 백성이 모두 하느님을 찬양하고 있었기 때문이다.

사도 4,21_필자 직역

예나 지금이나 통치자들이 여론의 눈치를 보는 경우는 늘 있어왔다. 공공선보다 여론을 의식하면서 어떤 순간만을 모면하기 위해 임기응변식 결정을 내리는 경우가 적지 않다. 베드로와 요한 사도를 붙잡아 들였던 최고 의회도 그러하였다. 그들은 화가 치밀어서 당장 베드로와 요한을 요절내고 싶었겠지만, 여론이 자기들에게 불리하게 돌아가기에 궁여지책으로 사도들에게 침묵하라는 지시만 내리는 데 그친 것이다.

4

박해 속에서 기도하는 공동체

이렇게 풀려난 베드로와 요한은 동료들에게 가서, 수석 사제들과 원로들이 자기들에게 한 말을 그대로 전하였다. 동료들은 그 말을 듣고 한마음으로 목소리를 높여 하느님께 아뢰었다. 4,23-24

동료들에게 가서

'동료들'은 그리스어 성경에서 '그들 자신의 사람들τοὺς ἰδίους' 곧 '그들의 친구들'이라고 표현되어 있다. 그러므로 동료들은 다른 사도들이라기보다 예루살렘 교회 신자들을 가리킨다.[24] 베드로와 요한은 예루살렘 교회 안에서 함께 신앙생활을 하고 있던 신자들을 자신들의 벗으로 여겼던 것이다.

예루살렘 신자들의 반응

예루살렘 교회의 신자들은 최고 의회에서 풀려난 베드로와 요한이 전해준 소식을 듣고도 두려움에 사로잡히거나 낙심하지 않고, 주재자이신 하느님께 '한마음으로' 목소리를 높여 청원 기도를 드린다. 그 자리에 있던 모든 신자가 한마음으로 기도를 드릴 수 있었던 것은 모두에게 흔들리지 않는 확고한 신앙이 있었기 때문이다.

> 주재자시여! 당신은 하늘과 땅과 바다와 그 안에 있는 모든 것을 만든 분이십니다. 사도 4,24_필자 직역

예루살렘 교회 신자들은 자신들을 박해하는 최고 의회를 향해서 어떤 비난이나 원망도 하지 않는다. 그들은 하느님을 '주재자'라고 부르며 오직 하느님의 주권에 초점을 맞춘다. '주재자'에 해당하는 데스포타δέσποτα는 세상을 창조하시고 모든 일을 주관하시는 하느님을 가리키는 말이다.[25] 창조주 하느님께서는 당신이 만드신 하늘과 땅과 바다와 그 안에 있는 모든 것을 다스리시기에, 어떤 피조물도 그분의 주권에 저항할 수 없다. 최고 의회가 가진 공권력도 하느님의 주권 앞에서는 지푸라기와 다름없었다.

박해에 대한 신자들의 이해

초대교회 신자들은 자신들이 겪고 있는 시련의 의미를 시편 2,1-2에 근거하여 해석했다. 그들은 그 시편이 예수님께서 겪은 박해를 묘사하고 있다고 생각했고, 자신들 또한 주님을 따라 박해를 겪는 것이라고 받아들였다.

> 당신은 성령에 의해서 당신의 종인 저희 조상 다윗의 입을 통하여 말씀하셨습니다. "어찌하여 민족들이 술렁거리며 겨레들이 헛일을 꾸미는가? 주님을 거슬러, 그분의 기름부음받은 이를 거슬러 세상의 임금들이 들고 일어나며 군주들이 함께 모였구나." 과연 헤로데와 본시오 빌라도는 주님께서 기름을 부으신 분, 곧 당신의 거룩한 종 예수님을 없애려고, 다른 민족들은 물론 이스라엘 백성과도 함께 이 도성에 모여, 그렇게 되도록 당신의 손과 당신의 뜻으로 예정하신 일들을 다 실행하였습니다. 4,25-28_필자 직역

'당신은 성령에 의해서'라는 표현은, 초대교회 신자들이 시편을 비롯한 구약성경의 모든 말씀이 성령의 감도로 기록되었다는 것을 믿고 있었음을 보여준다.

이 본문에 인용된 시편 2편은 하느님의 기름부음받은 자 곧 메시아와 그분을 거스르는 열방의 반역을 예언적으로 서술하고 있는데, 초대교회 신자들은 자신들이 처한 상황이 이 예언의 성취라고 믿었기에 자기들이 겪는 시련을 잘 극복할 수 있도록 주재자이신 하느님에게 두 가지 청원 기도를 올린다.

첫 번째 기도는 자신들이 공권력의 억압에도 굴하지 않고 담대히 복음을 전할 수 있게 해달라는 것이고, 두 번째 기도는 주님께서 치유 기적을 통해 자신들의 복음 선포가 참된 것임을 보여달라는 것이다.

> 이제, 주님! 저들의 위협을 보시고,
>
> 당신의 종들이 당신 말씀을 아주 담대히 전할 수 있게 해주십시오.
>
> 저희가 그렇게 할 때,
>
> 당신의 손을 뻗으시어 병자들을 고치시고,
>
> 당신의 거룩한 종 예수님의 이름으로
>
> 표징과 이적들이 일어나게 해주십시오. 사도 4,29-30_필자 직역

이 본문의 전반부에 해당하는 부분이 첫 번째 청원 기도이다.

이제, 주님! 저들의 위협을 보시고, 당신의 종들이 당신의 말씀을 아주 담대히 전할 수 있게 해주십시오. 4,29_필자 직역

사도들과 신자들은 시편을 인용해 자신들이 겪는 박해를 해석하면서도, 시편 내용과는 달리 하느님께 복수를 청하지는 않는다.

나에게 청하여라. 내가 민족들을 너의 재산으로, 땅끝까지 너의 소유로 주리라. 너는 그들을 쇠지팡이로 쳐부수고 옹기장이 그릇처럼 바수리라.

시편 2,8-9

하느님께 복수를 청하지 않았을 뿐 아니라 박해자들로부터 자신들을 보호해 달라고 하거나 박해를 멈추게 해달라고도 청하지 않았다. 만일 그들이 두려움 또는 공권력에 대한 분노로 가득 차 있었다면 그랬을지도 모르지만, 그들의 마음을 채우고 있던 것은 분노도 두려움도 아니었다. 오직 주님의 증인으로서 어떤 환경에서도 복음을 선포하며 맡겨진 소명을 다하고 싶다는 열망뿐이었다. 그래서 그들은 복음을 '아주 담대히' 선포할 수 있게 해달라고 기도한다. '아주 담대히'에 해당하는 그리스말 표현 '메타 파레시아스 파세스μετὰ παρρησίας πάσης'를 직역하면 '모든 담대함과 함께'다. '모든'이란 단어를 쓴 것은 담대함의 정도를 강조하기 위함이다. 그런 의미에서 초대교회 공동체야말로 진정 주님의 용맹한 군대였다고 할 수 있겠다.

두 번째 청원 기도에 해당하는 본문을 보자.

저희가 그렇게 할 때, 당신의 손을 뻗으시어 병자들을 고치시고, 당신의 거룩한 종 예수님의 이름으로 표징과 이적들이 일어나게 해주십시오.

사도 4,30_필자 직역

'저희가 그렇게 할 때'란 사도들과 신자들이 함께 담대하게 복음을 전할 때다. 본인들은 아무 노력도 하지 않은 채 주님께 기적만 요구한 것이 아니었다. 오히려 박해받는 상황에서도 자신들의 안위보다는 하느님 자비의 도구가 되어 병든 이들의 치유와 사람들의 구원을 위해 봉사할 수 있게 해달라고 간구한 것이다. 이것이야말로 참된 신앙인의 자세가 아닐 수 없다.

시련을 만나면 곧바로 기도하기

초대교회 신자들이 고통스러운 소식을 접했을 때 가장 먼저 한 일은 기도였다. 두려움으로 움츠러들기보다 곧바로 하느님께 기도를 드렸다. 훗날 야고보 사도가 참수로 순교하고 베드로 사도가 감옥에 갇혀 죽음을 맞이하는 등 교회의 존립이 위협받는 위기 상황에서도, 신자들은 밤새워 기도하며 하느님께 매달렸다.

어떤 이들은 기도를 최후의 수단으로 여긴다. 인간적으로 할 수 있는 모든 노력을 다해보고 그래도 안 되면 기도하겠다는 태도는 올바르지 않다. 아빠 하느님의 자녀인 우리에게, 기도는 마지막이 아니라 가장 먼저 해야 할 일이다. 삶의 시련과 역경 앞에서 정신없이 인간적인 해결책만 찾아 헤매는 가운데 낙심하고 절망하기보다, 무엇보다도 먼저 주님께 의탁하는 자세가 필요하다. 우리 자신의 나약한 힘이 아닌 주님의 강한 힘에 의지해야 한다.

여러분 가운데에 고통을 겪는 사람이 있습니까? 그런 사람은 기도하십시오. 야고 5,13

어떤 사람이 삶의 거센 풍랑을 겪고 있었다. 그는 벼랑 끝에 내몰린 듯한 상황에 처했고, 아무에게도 도움을 받을 수 없는 처지였다. 두려움과 절망에 짓눌려 숨조차 쉬기 힘들었지만 억지로라도 숨을 들이마시고 내쉬기를 반복하며 하루하루를 버텼다. 그러다가 너무 힘들어서 죽을 것 같은 느낌이 들 때마다 가까운 성당으로 달려가 시간이 허락하는 만큼 머물곤 했다. 그는 불빛이 반짝이는 감실을 하염없이 바라보다가 어느 순간인가부터 주님께서 주시는 위로와 평화를 느끼기 시작했다. 그러나 성당 문을 나서면 다시 암담한 현실에 숨이 막히곤 했다. 그래도 그렇게 성당에 머물다가 다시 현실로 돌아오기를 반복하는 가운데, 자신의 내면에 조금씩 평온함이 깃드는 것을 느꼈다. 상황이 달라지진 않았지만 그 상황을 이겨낼 수 있는 용기와 지혜를 주님께 받은 것 같았고, 그 이후로는 감사와 축복의 은총을 누리며 살게 되었다고 한다. 삶의 풍파에 휩싸여 도저히 기도드리기가 어려울 때일수록, 우리는 의지적으로라도 그분 앞에 무릎을 꿇는 일이 얼마나 중요한지 보여주는 이야기다.

하느님의 주권을 믿으면서

초대교회 신자들에게 본받아야 할 또 한 가지는 하느님이 역사의 주인이심을 고백하며 기도하는 자세다. 누군가는 역사history를 '그분의 이야기His story'라고 말한다. 하느님께서는 세상만사를 주재하시는 분이기에, 우리가 어떤 상황에 있든 그분의 능력과 주권을 신뢰하며 기도해야 한다. 아무리 악이 들끓고, 우리를 둘러싼 상황이 어둡다 해도 그 모든 것을 통해 역사를 이끌어 가시는 분은 하느님이심을 굳게 믿고 고백하는 것이 중요하다.

많은 경우 우리의 기도는 주님의 주권보다 우리가 당면한 문제 해결에만 초점을 맞춘다. 그러한 모습이 무조건 잘못되었다고 할 수는 없다. 사실 지극히 인간적이고 자연스러운 모습일 수 있다. 하지만 눈앞에 닥친 일에만 온통 마음을 빼앗기다 보면 신앙마저 흔들릴 수 있다. 갈릴래아 호수 위를 걷던 베드로가 큰 파도를 보자 두려움에 휩싸여 물에 빠진 것처럼 말이다.

기도란 삶의 매 순간 주님의 주권과 선하심을 신뢰하며, 그분의 도움과 구원을 간절히 희망하는 것이다.

성경 말씀으로 기도하기

예루살렘 초대교회 신자들이 성경 말씀을 인용하며 기도했듯이, 우리도 성경에 기록된 주님의 약속과 진리의 말씀으로 기도하는 것이 중요하다. 주님의 약속은 지친 영혼을 위로하고, 불안한 마음에 평안을 주며, 절망 속에서도 희망을 불러일으키는 힘이 있다. 또한 진리의 말씀은 혼란과 유혹 속에서도 그분의 뜻에 따라 올바른 길을 걸어가도록 인도해 준다.

다음은 성경에 나오는 주님의 약속과 진리의 말씀에 의지하는 기도의 예다.

〈예 1〉

주님, 지금 저는 어려움을 겪고 있습니다. 주님께서는 "내가 너를 구원하였으니 두려워하지 마라. 내가 너를 지명하여 불렀으니 너는 나의 것이다" 이사 43,1라고 하셨습니다. 주님! 저는 주님의 이 말씀이 진실하다는 것을 믿습니다. 저는 지금 당신 약속의 말씀에 의지해서 담대한 마음으로 살아가려고 합니다. 제힘으로는 이 어려움을 감당하기 힘들지만 저는 당신의 것이기에 극복할 수 있으리라고 믿습니다. 어려움 중에도 늘 저와 함께하시는 당신을 진심으로 찬미합니다.

〈예 2〉

주님, 당신께서는 가브리엘 천사를 통해 마리아에게 "하느님께는 불가능한 일이 없다" 루카 1,37 하고 말씀하셨고, 더러운 영에 사로잡힌 아이의 아버지에게도 "'하실 수 있으면'이 무슨 말이냐? 믿는 이에게는 모든 것이 가능하다" 마르 9,23 라고 말씀하셨습니다. 주님, 제가 오랜 세월 당신께 죄를 지었습니다. 저를 단단히 얽매고 있는 이 악습의 사슬을 제힘으로는 도저히 끊을 수가 없습니다. 하지만 주님께는 불가능이 없다 하셨으니, 당신의 자비와 능하심으로 제 악습의 사슬을 끊어주시고 당신을 향한 저의 믿음도 더욱 굳건하게 해주십시오.

〈예 3〉

주님, 지금 제 영혼이 고통으로 신음하고 마음은 우울로 가득 차있습니다. 모든 것이 엉망이고, 살아야 할 이유가 없는 것처럼 느낍니다. 주님, 당신께서는 시편을 통해 저에게 이런 말씀을 들려주셨습니다. "내 영혼아, 어찌하여 녹아내리며 내 안에서 신음하느냐? 하느님께 바라라. 나 그분을 다시 찬송하게 되리라, 나의 구원을." 시편 42,6-7 저는 그 말씀을 믿고, 다시 용기를 내어 당신만을 바라봅니다. 어둠에 빛을 비추시는 당신께, 세상이 줄 수 없는 평화를 주시는 당신께 간절히 청합니다. 저에게 마음의 평화를 주시고 다시 살아갈 힘을 주소서.

<예 4>

주님, 저는 지금 중요한 결정을 앞두고 있습니다. 그런데 어떤 결정을 내려야 할지 혼란스럽고 답답하기만 합니다. 하지만 저는 "네 마음을 다하여 주님을 신뢰하고 너의 예지에는 의지하지 마라. 어떠한 길을 걷든 그분을 알아 모셔라. 그분께서 네 앞길을 곧게 해주시리라" 잠언 3,5-6 하신 말씀에 의탁하고 싶습니다. 주님! 제가 제 마음과 생각을 따르기보다는, 당신의 음성에 귀 기울이며 당신이 원하시는 방향으로 올바른 결정을 내릴 수 있도록 도와주소서.

성경 말씀으로 기도하는 것이 좋은 이유는, 말씀 안에 주님의 성실한 약속이 담겨있기 때문이다. 아빠는 아이에게 뭔가를 약속하면 가능한 한 그 약속을 지키려고 한다. 아이도 아빠가 약속한 것을 잊지 않고 기억한다. 아빠가 별생각 없이 "말 잘 들으면 네가 원하는 그것을 사줄게"라고 말했다면, 아이는 그 약속을 잊지 않고 기억했다가 그것을 사줄 때까지 끈질기게 조를 것이다. 그러면 아빠는 꼼짝없이 들어줄 수밖에 없다. 하느님과 우리 사이도 마찬가지다. 하느님은 우리 아빠고, 우리는 그분의 자녀다. 더구나 하느님 아버지는 우리를 달래기 위해 헛된 약속을 하시는 분이 아니다. 아빠 하느님께서 우리에게 약속하셨다면, 자녀인 우리는 그 약속이 이루어지게 해달라고 청할 수 있다.

하느님은 사람이 아니시어 거짓말하지 않으시고, 인간이 아니시어 생각을 바꾸지 않으신다. 그러니 하느님이 말씀만 하시고 실천하지 않으실 리 있으랴? 하느님이 이야기만 하시고 실행하지 않으실 리 있으랴?민수 23,19

이스라엘 백성이 이집트를 탈출한 후 광야에서 우상숭배에 빠진 적이 있었다. 모세가 하느님을 만나기 위해 시나이산에 올라가 있는 동안, 백성은 모세의 부재에 불안을 느꼈기에 금송아지상을 만들어 그것에 절하며 "이스라엘아, 이분이 너를 이집트 땅에서 데리고 올라오신 너의 신이시다"탈출 32,8 라고 외쳤다. 그러자 하느님께서는 분노하시어 이스라엘을 멸하시고 모세를 통해 새로운 백성을 세우려 하시자, 모세는 하느님께 이렇게 간청한다.

주님, 어찌하여 당신께서는 큰 힘과 강한 손으로 이집트 땅에서 이끌어 내신 당신의 백성에게 진노를 터뜨리십니까? 어찌하여 이집트인들이, '그가 이스라엘 자손들을 해치려고 이끌어 내서는, 산에서 죽여 땅에 하나도 남지 않게 해 버렸구나' 하고 말하게 하시렵니까? 타오르는 진노를 푸시고 당신 백성에게 내리시려던 재앙을 거두어 주십시오. 당신 자신을 걸고, '너희 후손들을 하늘의 별처럼 많게 하고, 내가 약속한 이 땅을 모두 너희 후손들에게 주어, 상속 재산으로 길이 차지하게 하겠다' 하며 맹세하신 당신의 종 아브라함과 이사악과 이스라엘을 기억해 주십시오. 32,11-13

이처럼 모세가 하느님께서 과거에 하신 약속을 상기하며 간청하자, 그분께서는 이스라엘에게 내리려던 재앙을 거두셨다.

성경 말씀으로 기도하면 좋은 또 다른 이유는 말씀의 힘과 기도의 힘이 함께 시너지 효과를 내기 때문이다. 말씀은 그 자체만으로도 힘이 있음을 기억하자.

> 내 입에서 나가는 나의 말은 나에게 헛되이 돌아오지 않고 반드시 내가 뜻하는 바를 이루며 내가 내린 사명을 완수하고야 만다. 이사 55,11 참조

> 하느님의 말씀은 살아있고 힘이 있으며 어떤 쌍날칼보다도 날카롭습니다. 히브 4,12

전자제품을 사용하려면 콘센트에 전기선을 꽂아야 하듯이, 기도라는 전기선을 모든 힘의 근원인 하느님이라는 콘센트에 꽂으면 그때부터 기도가 힘을 발휘한다. 기도를 통해 우리는 모든 힘의 원천이신 하느님의 도움을 받을 수 있다.

용기와 담대함의 영

교회 공동체를 섬기며 봉사하다 보면 때로는 오해나 비판, 거부 등을 경험하는 일이 종종 있다. 그럴 때 마음의 상처를 받는 일이 생기기도 한다. 비판을 받을만한 일에 비판을 받아도 상처를 입는데, 하물며 억울한 비난을 받으면 어떻겠는가? 당연히 더 깊은 상처를 입게 될 것이다. 예수님과 복음을 위해 사심 없이 일했음에도 의심을 받거나 수고가 폄하된다면 마음의 평화를 유지하기가 쉽지 않을 것이다.

그렇게 되면 '이렇게 억울한 소리를 들으면서까지 계속 봉사를 해야 할까?'라는 생각이 들 수 있다. 이때 우리는 두 가지 길 가운데 하나를 선택해야 한다. 하느님이 주신 소명을 내려놓거나, 주님께 힘과 용기를 구하며 '하느님만은 나를 아신다'는 믿음으로 담대하게 앞으로 나아가는 것이다. 바로 초대교회 신자들이 그런 모습을 보여주었다. 크고 작은 박해와 고난을 당하면서도 자신들의 소명을 포기하지 않고, 하느님만을 의지하며 담대한 영으로 앞으로 나아가는 길을 택했던 것이다.

그리스도인은 다른 사람들의 시선보다 주님을 의식해야 한다. 교회의 참된 봉사자로 살고 싶다면, 자기 자신이 정말 하느님을 향해 있는지 살펴보아야 한다.

'종은 주인보다 높지 않다'고 내가 너희에게 한 말을 기억하여라. 사람들이 나를 박해하였으면 너희도 박해할 것이고, 내 말을 지켰으면 너희 말도 지킬 것이다. 요한 15,20

머리를 굴리며 계산하고 세상과 적당히 타협하면서 남들에게 싫은 소리 듣지 않기 위해 애쓰기보다는, 다른 사람들에게 싫은 소리를 좀 듣더라도 하느님 앞에서 진실하고 당당하게 살아가는 것이 훨씬 복된 삶이다. 그러므로 순수한 마음으로 봉사하는 가운데 엉뚱한 비난의 화살을 맞게 되더라도, 십자가 위의 주님을 바라보며 묵묵히 해야할 바를 수행하는 것이 좋지 않을까? 언제까지 남의 비판이나 평가에 휘둘리며 살아갈 것인가? 그러기에는 인생이 너무나 짧고 소중하지 않은가? '개가 짖어도 기차는 달린다'라는 말이 있듯이, '그 길을 걷는 자'로서 진리이자 생명이신 주님과 함께 앞을 향해 걸어가는 자세야말로 참다운 신앙인의 모습이 아닐까?

비평하는 사람은 중요하지 않습니다. 누가 실수를 했다고 지적하거나, 어떤 선수가 이렇게 저렇게 하면 더 낫겠다고 훈수나 두는 사람은 중요하지 않습니다. 진짜 중요한 사람은 경기장에 서있는 투사입니다. 그는 얼굴에 흙먼지와 땀과 피를 잔뜩 묻혀가며 용감하게 싸웁니다. 물론 그는 실책을 범하기도 하고 거듭 한계에 부딪히기도 합니다. 하지만 경기장의 투사는

> 자신의 온 힘을 다해 끝까지 경기에 임합니다. 그는 위대한 열정이 무엇이고 위대한 헌신이 무엇인지 압니다. 그는 가치 있는 목표를 위해 온몸을 던집니다.[26]

예루살렘 교회 신자들이 하느님께 한마음으로 담대하게 기도를 드리자, 하느님께서 곧바로 두 가지 현상으로 응답하신다.

> 그들이 기도를 마치자 모여있던 곳이 흔들리고, 성령으로 가득 채워져서 담대함을 가지고 하느님의 말씀을 전하였다. 사도 4,31_필자 직역

모여있던 곳이 흔들리고

신자들이 모여 기도하고 있던 장소가 흔들렸다는 것은, 하느님께서 그들과 함께 계시며 그들의 기도를 들으셨다는 뜻이다.

구약 전통에서 보면 기도하는 장소가 흔들린다는 것은 하느님의 현존을 알려주는 표지다. 이집트를 탈출한 이스라엘이 시나이산에 이르러 하느님과 계약을 맺었을 때 시나이산 전체가 심하게 뒤흔들렸다. 탈출 19,18 참조 이사야서에서도 성전에서 여섯 날개가 달린 사람들(천사들)이 하느님을 경배하며 외치는 소리에 성전 문지방 바닥이 뒤흔들렸다. 이사 6,1-4

우리가 누군가의 발언에 동의할 때 박수로 호응하는 것처럼, 하느님께서도 교회 공동체의 기도에 당신의 현존으로 응답하신 것이다. 시편에서도 이와 유사한 표현을 찾을 수 있다.

이 곤경 중에 내가 주님을 부르고 내 하느님께 도움을 청하였더니 당신 궁전에서 내 목소리 들으셨네. 도움 청하는 내 소리 그분 귀에 다다랐네. 이에 땅이 흔들리며 떨고 산의 뿌리까지 소스라쳐 흔들렸으니…. 시편 18,7-8

성령으로 가득 채워져서

공동체가 기도를 마치자 하느님께서는 그 자리에 있던 사람들을 성령으로 가득 채워주셨다. 그런데 예루살렘 교회 신자들 가운데 사도들과 백이십 명의 신자들은 이미 오순절에 성령으로 충만해진 이들인데, 다시 성령으로 가득 채워졌다는 것은 두 번째 성령강림을 의미하는가? 그렇지 않다. 그것은 하느님께서 그들 안에 계신 성령을 통해 당신의 강력한 현존을 느끼게 해주셨다는 의미다.[27]

성령세례는 한 번으로 끝나지만, 성령으로 충만해지는 것은 우리 신앙인의 순례 여정이 끝나는 날까지 계속될 것이다.

너희 가운데 어느 아버지가 아들이 생선을 청하는데, 생선 대신에 뱀을 주겠느냐? 달걀을 청하는데 전갈을 주겠느냐? 하늘에 계신 아버지께서야 당신께 청하는 이들에게 성령을 얼마나 더 잘 주시겠느냐? 루카 11,11-13

성령께서 원하시는 바를 자유롭게 이루시도록 우리의 마음을 열어드려야 한다. 성령의 인도에 온순하게 응하는 것, 그것이 바로 그리스도교 신앙생활의 가장 중요한 열쇠다.[28]

청원 기도의 중요성

새로운 주제로 넘어가기 전에 청원 기도의 중요성에 대해 다시 한번 강조하고 싶다. 예수님은 제자들과 함께하시는 동안 청원 기도에 대한 가르침을 주신 적은 있어도 묵상 기도나 관상 기도와 같은 기도에 대해서는 특별히 언급하신 적이 없다.

그렇다면 왜 예수님께서는 청원 기도만 가르쳐 주셨을까? 청원 기도가 가장 인간적인 기도이기 때문이 아닐까? 청원 기도는 우리가 신이 아니라 피조물에 불과하다는 사실을 매번 깨닫게 해준다. 피조물은 창조주가 돌보지 않으면 한순간도 살아갈 수 없다. 예수님도 '너희는 나 없이 아무것도 할 수 없다' 요한 15,5 참조라고 말씀하셨듯이, 인간은 전적으로 주님께 의존해야 하는 존재다.

예수님이 청원 기도를 가르쳐 주신 또 하나의 이유는, 그것이 하느님과 우리의 관계 그리고 우리의 신원을 알려주는 기도이기 때문이 아닐까? 앞서 언급했듯이 하느님은 우리의 아빠고 우리는 그분의 자녀이기에, 그분은 우리를 극진한 사랑으로 보살피신다. 예수님은 이렇게 말씀하셨다.

> 너희가 악해도 자녀들에게는 좋은 것을 줄 줄 알거든, 하늘에 계신 너희 아빠께서야 당신께 청하는 이들에게 좋은 것을 얼마나 더 많이 주시겠느냐?마태 7,11 참조

또한 예수님은 한밤중에 친구네 집에 가서 끊임없이 문을 두드리는 사람의 비유루카 11,5-8 참조와 불의한 재판관을 굴복시킨 과부에 대한 비유18,1-8 참조를 통해 우리가 청원 기도를 드릴 때의 자세에 대해서도 가르쳐 주셨다.

한 유다인 라삐는 이런 말을 했다. “송아지가 어미 젖을 빨고 싶은 욕구보다, 암소가 새끼에게 젖을 먹이고 싶은 욕구가 더 크다.”[29] 아빠이고 사랑 자체이신 하느님은 우리가 바라는 것보다 더 간절하게 당신 자녀들의 필요를 채워주고 싶어 하신다. 그런데 정작 하느님의 그 갈망을 채워드리는 이들은 많지 않은 듯하다. 믿음을 가지고 주님께 끈기 있게 청하는 사람들이 적다는 이야기다.

불의한 재판관을 졸라 마침내 올바른 판결을 내리게 한 과부의 이야기를 마치신 예수님도 다음과 같이 한탄하신다.

> 사람의 아들이 올 때에 이 세상에서 믿음을 찾아볼 수 있겠느냐? 루카 18,8

더 이상 "기도로 뭘 할 수 있다는 말인가?"라고 말하지 말자. 오히려 "기도로 뭘 못 하겠는가?"라고 하자. 기도는 우리의 한계를 뛰어넘어 하느님의 무한한 능력과 지혜에 다가서는 길이다. 기도는 우리의 약함을 통해 하느님의 역사가 펼쳐지는 통로다. 그러므로 '기도로 뭘 못하겠는가?'라는 말은 만사를 이끄시는 하느님께 우리를 온전한 의탁한다는 표현이다.

삶의 어둠 속에 있을 때
그 상황에 휘둘리지 않고
'아무렇지도 않은 것처럼'
침착하게 어둠을 몰아내기 위해
꼭 필요한 것은
하느님이 언제 어디서나 우리와 함께하신다는
굳센 믿음이다

• 3장 •

공동체 내부의 시련

사도행전 4장에서 살펴보았듯이 베드로와 요한은 최고 의회에 끌려가 신문을 받고 더 이상 예수님의 이름으로 말하지도 말고 가르치지도 말라는 지시를 받았는데, 이는 교회 외부에서 온 시련이었다. 그런데 신앙 공동체의 시련은 공동체 내부에도 있었다.

사도행전 5장은 예루살렘 교회 안에서 발생한 첫 번째 내적 시련에 대한 이야기다. 굳이 '내적 시련'이라고 한 것은 예수님이 최후의 만찬 자리에서 고별기도를 드리면서 간절히 청했던 신자들의 '하나 됨' 요한 17,20-23 참조이 좌초를 겪게 되는 사건이 일어났기 때문이다. 예루살렘 교회의 구성원인 하나니아스와 사피라 부부가 "한마음 한 정신" 사도 4,32 참조 으로 굳게 결속되어 있던 공동체에 균열을 가져오는 일을 저지른 것이다. 그런데 루카는 그들의 일을 이야기하기 전에 먼저 바르나바의 선행을 언급한다.

키프로스 태생의 레위 사람으로서, 사도들에게서 바르나바라는 – 번역하면 위로의 아들 – 별명으로 불린 요셉도 자기가 소유하고 있던 밭을 팔아서 그 돈을 가져와 사도들의 발치에 놓았다. 그런데 하나니아스라는 사람이 자기 아내 사피라와 함께 재산을 팔았는데, 아내의 동의 아래, 판 값의 일부를 떼어놓고 나머지만 가져다가 사도들의 발 앞에 놓았다. 사도 4,36—5,2_필자 직역

루카가 하나니아스와 사피라 부부의 악행에 대해 말하기 전에 바르나바에 대해 말하는 것은 다분히 의도적이다. 하나니아스와 사피라 부부가 왜 재산을 팔았는지 직접적 동기를 알려주기 때문이다. 이 점은 사도행전 5장 1절의 '그런데δέ'라는 말을 보면 알 수 있다. '그런데'는 하나니아스와 사피라 부부가 재산을 판 것이 바르나바가 밭을 판 것과 밀접하게 연결되어 있음을 알려준다.[1] 그 부부는 바르나바가 밭을 판 돈을 공동체에 헌납했을 때 공동체 형제자매들에게 칭송받는 모습을 보았을 것이다.

"세상에! 위로의 아들 바르나바가 이번에도 좋은 일을 했다지. 글쎄 밭을 판 돈을 전부 사도들한테 갖다주었대. 바르나바는 정말 대단한 사람이야."

이렇게 바르나바를 칭송하는 소리를 듣고 부러웠던 하나니아스와 사피라 부부는 자기들도 사람들의 인정을 받고자 하는 의도에서 재산을 판 돈을 사도들 앞에 내놓은 것이다.

'요셉도 자기가 소유하고 있던 밭을 팔아서'에서 '요셉도'라고 한 것은 그런 사람이 바르나바 한 사람만이 아니었음을 말해준다. 바르나바는 공동체의 궁핍한 이들을 위해 재산을 내어놓은 여러 신자 가운데 하나였을 뿐이다. 그런데 하나니아스는 다른 신자들이 내어놓았을 때는 별 생각이 없다가 바르나바가 재산을 내어놓고 칭송을 받자 견딜 수가 없었다. 하나니아스가 바르나바에게 유독 그런 마음이 들었다면, 혹시 그가 평소에도 그에게 어떤 경쟁심을 품고 있었기 때문이 아닐까?

이처럼 바르나바와 하나니아스와 사피라 부부의 이야기가 연결되어 있기에 교부들과 성서학자들은 사도 4,36-37을 사도행전 5장에 나오는 이야기와 함께 다루기도 한다.[2]

이 책에서는 하나니아스와 사피라 부부에 대한 본문5,1-11 참조을 먼저 다루고 그다음에 바르나바에 대한 본문4,36-37 참조을 살펴볼 것이다.

공동체의 일치를 깬 하나니아스와 사피라 부부

하나니아스라는 사람이 자기 아내 사피라와 함께 재산을 팔았는데, 아내의 동의 아래, 판 값의 일부를 떼어놓고 나머지만 가져다가 사도들의 발 앞에 놓았다. 그러자 베드로가 말하였다. "하나니아스, 왜 사탄에게 마음을 빼앗겨 성령을 속이고 땅값의 일부를 떼어놓았소? 그 땅은 팔리기 전에도 그대 것이었고, 또 팔린 뒤에도 그 돈은 그대 마음대로 할 수 있었던 것 아니오? 그런데 어쩌자고 이런 일을 하려는 생각을 마음속에 품었소? 그대는 사람을 속인 것이 아니라 하느님을 속인 것이오." 사도 5,1-4_필자 직역

하나니아스와 사피라 부부는 바르나바가 사도들에게 큰 칭송을 받고 또 공동체 신자들에게 존경을 받자 배가 아파 견딜 수가 없었기에 둘이 "공모하여"5,9 교회 공동체를 속인다.

이 본문만 보면 이들 부부가 정말 공동체를 속인 것인지 의문이

들 수 있다. 땅 판 값의 일부를 떼어놓고 봉헌한 것만으로는 잘못이라고 할 수 없기 때문이다. 그런데 베드로는 이들 부부가 공동체를 속임으로써 결국 성령과 하느님을 속였다고 질책한다. 문제는 하나니아스가 베드로 앞에 땅 판 값의 일부만 갖고 와서 그것이 전부라고 거짓말을 했다는 점이다. 그것은 나중에 베드로와 사피라가 주고받은 질문과 대답을 보면 알 수 있다.

> "나에게 말해보시오. 그대들이 땅을 이만큼 받고 팔았소?" 하고 물으니, 그 여자가 "예, 그만큼입니다" 하고 대답하였다. 베드로가 그 여자에게, "어쩌자고 그대들은 서로 공모하여 주님의 영을 시험하는 것이오? 5,8-9

하나니아스와 사피라 부부의 행동은 하느님을 거슬러 행동했던 아담과 하와를 떠올리게 한다. 에덴동산에서 하와가 선악과를 따 먹고 아담에게도 건넸을 때 아담도 그것을 망설임 없이 받아먹었는데, 정작 하느님이 그들을 문책하시자 아담은 하와에게, 하와는 뱀에게 책임을 전가했다.

하느님 부재가 가져오는 가정의 위기

오늘날 가정의 위기는 하느님의 부재에서 오는 경우가 많다. 하느님과의 친교가 없기에 인간관계에 문제가 생기는 것이다. 인간

관계에서의 참된 일치는 각 사람이 저마다 주님과 일치할 때 비로소 가능해진다. C. S. 루이스의 말을 들어보자.

> 세상에서 내게 가장 소중한 사람보다 하느님을 더 사랑하는 법을 배워야
> 비로소 나에게 가장 소중한 사람을 더욱 제대로 사랑할 수 있습니다.
> 하느님을 향한 나의 사랑이 줄어들거나
> 하느님보다 그 사람을 더 사랑하려 들면
> 오히려 그 사람을 전혀 사랑하지 않게 될 것입니다.
> 첫째 사랑이 첫째 위치에 놓여야 둘째 사랑도 커질 수 있습니다.[3]

신앙에 뿌리를 둔 사랑만큼 아름다운 것은 없다. 내가 사랑하는 상대를 나의 소유가 아닌, 하느님께서 원하시어 내 삶에 선물로 허락하신 동행으로 받아들이기 때문이다. 그러므로 당연히 그 사람을 함부로 대할 수 없으며, 폭언을 일삼거나 폭력을 휘두른다는 것은 더더욱 생각할 수도 없을 것이다. 상대방은 내가 사랑하는 사람이기 이전에 하느님의 자녀이기 때문이다.

또한 신앙에 깊이 뿌리내린 사랑은, 상대방이 하느님께 받은 사명을 완수할 수 있도록 힘써 돕는다. 내가 어떻게 하면 그 사람의 섬김을 받을까 궁리하는 것이 아니라, 내가 어떻게 하면 그 사람을 하느님 안에서 더 잘 섬길 수 있을지 마음을 쓴다.

창세기에 나오는 하느님의 첫 번째 질문과 두 번째 질문은 밀접하게 연결되어 있다. 하느님께서는 먼저 사람에게 '아담아, 네가 어디에 있느냐?'창세 3,9 참조 하고 물으신다. 하느님의 모상으로 창조된 인간이 과연 하느님과 사랑의 일치를 이루며 살고 있는가를 묻는 질문이다. 하느님이 인간에게 던지신 두 번째 질문은, '네 아우 아벨이 어디에 있느냐?'4,9 참조인데, 이는 관계성에 대한 질문이며, 하느님께서 사랑하라고 보내신 사람을 어떻게 대하고 있는지 묻는 것이다. 하느님 사랑 안에 있는 사람이, 곁에 있는 사람도 제대로 사랑할 수 있다.

왜 사탄에게 마음을 빼앗겨

히브리말 사탄שטן은 그리스말의 디아볼로스διάβολος에 해당한다. 우리말 성경에서 사탄은 원래 단어의 발음을 따라 '사탄'으로, 디아볼로스는 '악마'로 표기했다. 사탄은 '하느님을 거슬러 대적하는 자'란 의미고, 디아볼로스는 '갈라놓는 자'라는 뜻이다. 사탄은 하느님과 인간을 갈라놓고 인간이 진리와 양심에서 멀어지도록 부추기는 존재다.[4]

악의 세력의 두목인 사탄은 왜 하나니아스 부부를 유혹했을까? 한창 뿌리를 내리고 있는 초대교회를 무너뜨리기 위해서다. 예수님도 공생활을 시작하시기 전에 "광야에서 사십 일 동안 사탄에게 유혹을 받으셨다."마르 1,13 사탄은 예수님이 창립한 교회가 일치 가운데 성장해 가는 것을 견딜 수가 없었다. 그래서 처음에는 유다 당국 곧 최고 의회를 조종하여, 사도들에게 예수님의 이름으로 복음을 선포하지 못하게 하려고 했다. 그러나 최고 의회의 협박에도 아랑곳하지 않고 사도들이 계속 복음을 선포하자, 사탄이 이번에는 하나니아스와 사피라 부부의 무질서한 욕구를 부추겨 교회를 분열시키려 한 것이다.[5]

성경에 나오는 '첫 질문'

하느님의 첫 번째 질문은 '아담아, 너 어디에 있느냐?'이지만, 성경에 등장하는 '첫 질문'은 뱀 곧 사탄이 여자에게 던진 것이다.

> 하느님께서 너희는 동산에 있는 나무의 열매를 하나도 먹어서는 안 된다고 말씀하셨느냐?창세 3,1_필자 직역

사탄의 질문은 단순히 사실 확인을 목적으로 한 것이 아니었다. 이는 첫 인간에게 주어진 하느님의 명령을 왜곡해 인간의 마음에 의심과 불신을 심으려는 의도가 담긴 유혹이었다. 원래 하느님이 하신 명령은 다음과 같았다.

동산에 있는 모든 나무의 열매는 네가 먹어도 된다. 그러나 선과 악을 알게 하는 나무의 열매만은 먹지 마라. 네가 그것을 먹는 날, 너는 반드시 죽을 것이다. 2,16-17_필자 직역

성경의 첫 질문이 사탄에게서 나왔다는 사실은 우리의 신앙 여정이 본질적으로 하느님의 목소리와 유혹자의 목소리 가운데 하나를 선택하는 순간의 연속임을 말해준다. 성경의 첫 질문을 기억하자는 것은, 삶의 매 순간 내가 따르는 목소리가 하느님의 초대인지 사탄의 유혹인지 식별하라는 초대이다.

하나니아스 부부가 사탄에게 마음을 빼앗긴 이유

다른 초대교회 신자들처럼 하나니아스와 사피라 부부도 성령 안에서 신앙생활을 시작했을 텐데, 어떻게 사탄의 꼬임에 그렇게 쉽게 넘어갈 수 있었는지 의문이 들 수도 있을 것이다. 성령은 아주 섬세하고 수줍어하는 분이다. 우리가 조금이라도 우리의 뜻이나 욕심을 내세우려고 하면, 성령께서는 즉시 우리 마음 한구석으로 물러나신다. 그러면 비어있는 우리 마음 한가운데를 사탄이 차지하려고 곧바로 유혹하기 시작한다. 그러나 사탄에게는 우리 마음을 '자동적으로' 차지할 능력은 없다. 사탄은 인간이 마음을 열어주지 않는 한 결코 그 마음 안에 들어갈 수 없다.

하나니아스가 사탄의 유혹에 넘어가 마음을 열어주었기에, 베드로는 하나니아스에게 '왜 사탄에게 마음을 빼앗겨'라는 말로 그를 꾸짖는다.

예수님은 우리를 생명의 길로 이끄시려고 우리 마음의 문을 두드리시지만묵시 3,20 참조, 사탄은 우리를 파멸의 길로 유혹하기 위해 호시탐탐 우리 마음에 침투할 기회를 엿보고 있다.

하나니아스는 바르나바에 대한 경쟁심과 시기심에 사로잡혀 자기도 사도들과 신자들에게 칭송을 받고 싶다는 욕구와 재물에 대한 탐욕, 다시 말해 땅 판 돈의 일부라도 소유하려는 욕구에 사로잡혔고, 사탄은 그의 그 두 가지 욕구를 미끼로 그의 마음 안에 침입했다. 하나니아스와 사피라 부부가 공모해서 저지른 행위는 그들의 무질서한 욕구에서 비롯된 것이기도 하지만, 다른 한편으로 보면 그들의 욕구를 이용해서 사탄이 영적 전쟁을 일으킨 사건이기도 하다.[6]

무질서한 욕구

필자는 '욕구'란 단어 앞에 '무질서한'이란 수식어를 의도적으로 넣었다. 그 이유는 욕구 자체가 나쁜 것은 아니기 때문이다. 하나니아스와 사피라가 그랬듯이, 인간이라면 누구나 본성적으로 인정과 칭송을 받고 싶은 욕구와 안정되고 풍족하게 살아가고 싶은 욕구를 가지고 있다.

공자도 논어 이인里仁 편에서 자신이 부유해지고 귀한 존재가 되고 싶은 욕구를 지녔음을 간접적으로 드러낸다.

> 부유함과 고귀함은 사람들이 바라는 바이지만, 정당한 방법으로 얻은 것이 아니면 거기에 머물러 있지 않는다.[7]

논어 술이述而 편에서 공자는 부유해지고 귀한 존재가 되고 싶은 자신의 욕구를 직접적으로 표현하기도 한다.

> 부유함을 구할 수 있다면 비록 채찍을 잡는 일이라도 나는 그 일을 할 것이다. 만일 구할 수 없다면 내가 좋아하는 바를 따르겠다.[8]

당시 마부는 미천한 직업 가운데 하나였다. 그렇지만 마부 일을 하면서 정당한 방법으로 부자가 될 수 있다면, 공자는 기꺼이 마부가 되겠다고 한 것이다. 하지만 마부가 부자가 되는 것은 거의 불가능하기에, 그렇다면 자신이 하고 싶은 일을 하면서 가난하게 살겠다는 뜻이다. 다시 말해 물질적 성공이 불가능하다면, 개인의 가치와 행복을 추구하는 것이 더 중요하다는 것이다.

무질서한 욕구와 무의식의 어두운 그림자

하나니아스와 사피라 부부의 심리에 대해 분석하고 연구한 학자들은 그 부부 안에 내재된 '무의식의 어두운 그림자'를 언급한다. 어쩌면 그 부부는 평소에도 입만 열면 거짓말을 해대고 경쟁심과 시기심에 불타는 인물들이 아니었을 수도 있다. 만일 그랬다면 신앙 공동체 안에 얼마 머물러 있지 못했을 것이다. 다만 인간이면 누구나 지닌 욕구들이 그 부부의 무의식 안에도 자리 잡고 있다가, 그들도 의식하지 못하는 사이에 악의 세력과 결탁하여 초래한 결과였을 수도 있다.

남들이 보기에 꽤 괜찮은 사람이고 예의 바른 사람이지만, 실제로는 그렇지 않은 경우가 있다. 남들 앞에서는 미소 짓고 친절하지만, 뒤에서는 누군가를 경멸하고 비방하고 야비하게 공격하기도 한다. 입으로는 청렴을 외치지만, 뒤에서는 탐욕에 눈이 멀어 부를 축적하기도 한다. 겉으로는 권력에 초연한 척하지만, 실은 야망으로 가득 차있고 세력을 넓히고자 모략도 서슴지 않는 경우도 있다. 말로는 정결한 삶을 강조하지만, 실제로는 온갖 관능을 채우는 이중적 삶을 사는 사람도 있다.

시기심에 대한 성찰

하나니아스 부부에게 일어난 비극의 원인 가운데 하나는 시기심이었다. 그들이 바르나바를 하느님 안의 형제가 아닌 경쟁자로 여겼기 때문이다. "사촌이 땅을 사면 배가 아프다"라는 속담처럼 시기심은 주로 비슷한 수준의 사람을 향한다. 같은 분야나 같은 집단에서 비슷한 조건을 가진 이들 가운데 돋보이는 사람이 시기심의 대상이 되기 쉬운 법이다. 고대 그리스의 시인 헤시오도스가 남긴 유명한 말이 있다. "도자기공은 도자기공을 시기하고, 목수는 목수를 시기하고, 시인은 시인을 시기한다."

어느 날 졸개 마귀들이 사막을 지나다가 성자가 되기 위해 길을 가는 순례자에게 접근했다. 졸개들은 그의 발걸음을 세상으로 되돌리려고 온갖 방법으로 유혹했지만 실패했다. 그 사정을 두목 마귀에게 보고하자 그는 부하들에게 '따라오라'고 하면서 순례자에게 다가갔다. 그리고 그의 귀에 몇 마디 속삭이자 순례자는 갑자기 얼굴을 일그러뜨리며 가던 발걸음을 황급히 돌렸다. 그것을 본 부하들이 무슨 말을 했는지 궁금해 묻자 두목 마귀는 빙그레 웃으면서 이렇게 말했다. "아주 간단하지, 네 형제가 방금 알렉산드리아의 대주교가 되었다고 말했거든." 계속해서 두목 마귀는 졸개들에게 말했다. "인간들은 시기하게만 만들어 놓으면 손쉽게 우리 손에 들어오게 되어있어."

시기심은 다른 사람의 성공이나 행복을 나의 경우와 비교하면서 시작된다. 내가 갖지 못한 좋은 것을 다른 사람은 갖고 있다는 사실을 견딜 수 없어 하는 것이다. 다시 말하면 시기심이란 상대의 성공과 행복 앞에서 그렇지 못한 자신을 비참하고 불행하게 느끼는 것이다. 대그레고리오는 시기심이 '애통'과 '환호'라는 두 딸을 낳는다고 했다. 시기심이 상대의 행복에 대한 '애통'과 상대의 곤경에 대한 '환호'로 이어진다는 뜻인데, 두 가지 모두 파괴적인 결과를 초래하기 마련이다.[9]

탐욕에 대한 성찰

현대사회의 역설을 한마디로 표현한다면 '물질적 풍요와 정신적 빈곤'이다. 물질만능주의와 극단적 개인주의가 만연한 시대에 살고 있는 우리 또한, 어쩌면 하나니아스 부부가 품었던 탐욕에 이미 전염되어 있을지도 모른다.

탐욕은 언제나 '더, 더, 조금만 더'를 외친다. 그리스말로 탐욕은 플레오넥시아πλεονεξία이며, '더욱더'라는 의미의 플레온πλέον과 '가지다'를 뜻하는 에케인ἔχειν의 합성어다. '탐욕'이 돈이나 물질적인 부를 소유하려는 갈망 때문에 재물에 집착하는 것을 가리킨다면, '인색'은 이미 손에 넣은 재물을 계속 늘리려는 욕망이다. 이 두 가지는 어떤 의미에서 하나라고 볼 수 있다. 탐욕에는 '이것으로 충분해!'가 없다. 탐욕은 원하는 것은 어떻게든 소유해야 하고, 일단 소유한 것은 절대 내놓지 않고 움켜쥔다. 소유하고 또 소유하고 넘치도록 소유해도 항상 부족하다고 느낀다.

탐욕은 또한 누군가를 부당하게 희생시키기도 한다. 2022년 가을, 평택의 한 제빵 공장에서 근무하던 직원이 소스 배합기에 몸이 끼어 숨지는 일이 발생했다. 희생자는 언젠가 자신의 빵집을 열고 싶어 했던 스물세 살의 젊은이었다. 한탄스러운 것은 해당 사고 일주일 전에도 한 노동자의 손이 기계에 끼어 골절되는 사고가 있었음에도, 부상자가 비정규직이라는 이유로 회사가 아무런 조치를 취하지 않았다는 점이다. 더욱더 참담한 것은 다른 노동자들이 동료의 죽음으로 충격을 받아 슬퍼하고 있는데도 사고 현장을 천으로 가려놓은 채 직원들에게 작업을 계속하도록 했다는 점이다. 그 젊은이의 안타까운 죽음은, 사람의 안전보다 돈에 대한 탐욕을 앞세웠기에 일어난 참사가 아닐까?

신학자 윌리엄 캐버너William Cavanaugh는 탐욕스러운 사람들이 놓치고 있는 것에 관해 다음과 같이 말한다.

> 그리스도교 전통에서 재물에 대한 탐욕에서 벗어난다는 것은 재물을 더 큰 목적을 위한 수단으로 사용하는 것을 의미한다. 그 더 큰 목적은 하느님과 동료 인간에 대한 사랑이다. … 우리가 재물에 집착하지 않는 이유는 다른 사람들에 대한 사랑 때문이다.[10]

우리 안에 도사리고 있는 탐욕

부유한 삶을 살든 소박한 삶을 살든, 탐욕은 모든 사람 안에 있는 요소다. 십계명의 마지막 계명도 탐욕에 대한 경고다.

> 너는 남의 재물을 탐내지 마라. 신명 5,21_필자 직역

2인칭 복수 '너희'가 아니라 2인칭 단수인 '너'가 사용되고 있다. 실제로 십계명의 모든 계명에는 2인칭 단수를 쓰고 있다. 예를 들어 첫째 계명은 '너는 내 앞에서 다른 신들을 섬기지 마라' 이다.

> 너에게는 나 말고 다른 신이 있어서는 안 된다. 너는 위로 하늘에 있는 것이든, 아래로 땅 위에 있는 것이든, 땅 아래로 물속에 있는 것이든 어떤 형상으로도 신상을 만들어서는 안 된다. 너는 그것들에게 경배하거나 그것들을 섬기지 못한다. 5,7-9

하느님께서 이스라엘 백성과 계약을 맺으실 때 주신 십계명은, 이스라엘 민족이라는 '집단'에게 주셨다기보다 이스라엘 백성 한 사람 한 사람에게 주신 것이다. 따라서 십계명은 모든 사람이 저마다 하느님 앞에서 지켜야 할 규율이다.

남의 재물을 훔치지 말라고 하지 않고 탐내지 말라고 한다. 탐낸다는 것은 일단 마음 안에서 벌어지는 일이며, 아직 어떤 구체적인 행동으로 표현된 상태가 아니다. 세상의 법은 우리가 마음으로 무엇을 탐했다고 우리를 벌하지는 않지만, 하느님께서는 탐하는 마음도 죄로 규정하셨다. 탐욕은 곧 우상숭배이기 때문이다.

> 탐욕을 부리는 자 곧 우상숭배자는 그리스도와 하느님의 나라에서 받을 몫이 없습니다. 에페 5,5

무엇인가를 탐할 때 우리 마음은 자연스럽게 하느님에게서 멀어진다. 그래서 예수님께서는 "너희는 하느님과 재물(마몬)을 함께 섬길 수 없다"루카 16,13라고 하신 것이다. 탐욕에 눈이 멀면 옳지 않은 방법을 써서라도 어떻게든 탐하는 대상을 움켜쥐려고 한다. 심지어 '조물주 위에 건물주가 있다'라는 우스갯소리도 있다. 건물주가 되면 임대료를 받는 등 돈도 쉽게 벌고 편히 먹고살 수 있다는 의미를 담고 있는 말인 듯한데, 안타깝게도 그야말로 철저한 마몬 숭배에서 비롯된 표현이 아닐 수 없다.

탐욕은 우리를 죄악에 빠지게 할 뿐 아니라 성품까지 타락시킨다. '재물이 사람을 어떻게 변화시키는가'라는 주제에 깊은 관심을 가졌던 사회심리학자 폴 피프Paul Piff는, 돈이 사람에게 지나친 '특권의식'을 부여하기도 한다는 점을 간파했다. 그의 연구에 따르면,

재물이 많은 사람일수록 자기 자신에게만 초점을 맞추는 경향이 두드러졌고, 자기보다 못하다고 느끼는 사람들을 은근히 무시하기도 했으며, 타인에게 연민을 느끼는 정도 또한 미미했다.[11]

이 세상에 하느님과 다른 사람의 도움을 받지 않고 살 수 있는 사람은 없다. 자기 내부로만 향하는 시선을 밖으로도 돌려 현재의 자기가 있기까지 그동안 많은 이가 도움을 주었다는 사실을 깨닫는다면, 감사하는 마음도 생길 것이다.

성경에서 말하는 탐욕

성경은 탐욕을 갖가지 악의 근원이요, 파멸의 진원지로 규정한다.1티모 6,9-10 참조 많은 경우 우리의 죄가 탐욕과 연결되어 있기 때문이다. 예를 들어 '간음하지 말라'는 제6계명을 어기는 것은 남의 여자를 탐하기 때문이고, '도둑질하지 말라'는 제7계명을 어기는 것은 남의 재물을 탐하기 때문이다.

다윗은 부하의 아내 밧 세바를 탐해 제6계명을 어겼고, 그녀가 임신하자 자신의 죄가 들통날까 두려워 그녀의 남편을 죽게 만듦으로써 '살인하지 말라'는 제5계명을 어겼다. 다윗이 범한 일련의 죄는 남의 아내를 탐함으로써 시작된 것이다.

나봇의 포도원을 탐내던 아합은 나봇이 포도원을 팔지 않자, '거짓 증언을 하지 말라'는 제8계명을 어기면서 부하들로 하여금 나봇에게 불리한 증언을 하게 만들었다. 이어 그는 나봇을 죽여 '살인하지 말라'는 제5계명을 어겼고, 마침내 나봇의 포도원을 강탈함으로써 '남의 재물을 훔치지 말라'는 제7계명까지 어기게 된다. 아합이 그처럼 십계명을 줄줄이 어긴 것은 나봇의 포도밭을 탐냄으로써 시작된 일이다. 탐욕은 이처럼 무엇인가를 탐하는 죄 하나만으로 끝나는 것이 아니라, 연달아 다른 죄를 짓게 하는 동기를 제공한다.

그렇다면 우리 안에서 일어나는 욕구는 모두 탐욕일까? 그렇지 않다. 인간은 욕구가 있기에 생존할 수 있고 성장할 수 있다. 다만 욕구 자체가 목적이 될 때가 문제다. 부유해지고 싶고, 인정받고 싶은 욕구는 자연스러운 것이다. 하지만 자신의 욕구를 채우기 위해 다른 사람의 권리나 행복을 파괴하고 하느님 뜻을 어기는 것도 서슴지 않는다면, 이미 탐욕의 노예로 사는 것이다.

네 복음서를 통틀어 예수님이 '탐욕'을 경고하는 말씀은 '믿음'에 관한 말씀보다 무려 네 배나 많다. 우리가 그만큼 쉽게 탐욕에 빠지기 때문이다. 자신을 위해서만 재화를 모으다가 어느 날 갑자기 하느님께서 목숨을 거두어 가신 그 어리석은 부자 이야기루카 12,16-21 참조를 기억해야 한다.

아프리카에서는 원숭이를 잡을 때, 원숭이 손이 겨우 들어갈 만큼 입구가 좁은 통 속에 원숭이가 좋아하는 먹이를 넣어 그들이 자주 다니는 길목에 둔다고 한다. 그러면 지나가던 원숭이가 통 속의 먹이를 잡기 위해 손을 그 안으로 집어넣는데, 먹이를 움켜쥔 채로는 손을 빼지 못한다. 원숭이는 움켜쥔 먹이를 놓치지 않으려는 욕심 때문에, 사냥꾼이 다가와도 도망가지 않고 있다가 결국 붙잡힌다고 한다.

우리도 가끔 원숭이처럼 미련할 때가 있지 않은지?

어떻게 해야 탐욕에서 벗어날 수 있을까?

탐욕과 관련하여 개미에게서도 배울 수 있는 점이 있다. 아프리카 나미비아 대초원에서 서식하는 흰개미들은 침과 배설물, 흙을 섞어 오른쪽 사진과 같은 거대하고 정교한 탑을 쌓는 것으로 유명한데, 그 개미탑은 계절과 기후에 따라 크기가 달라진다. 그 탑은 먹이를 보관하는 용도로도 사용되는데, 개미들은 그저 다가오는 겨울 동안 필요한 만큼의 먹이를 보관할 뿐 십 년간의 겨울을 미리 대비하지는 않는다.[12]

참새가 숲에 둥지를 트는 데는
나뭇가지 하나면 족하다.
사슴이 강물에서 목을 축일 때는
자기 양만큼만 먹는다.
_장자

하느님의 피조물인 개미와 참새와 사슴을 통해서도 탐욕에서 벗어날 수 있는 길을 배울 수 있지만, 그리스도교 신앙인에게는 성경이야말로 우리를 "가르치고 꾸짖고 바로잡고 의롭게 살도록 교육"2티모 3,16하는 참된 인도자임을 기억하자.

자족할 줄 알면 신심은 큰 이득입니다. 우리는 이 세상에 아무것도 가지고 오지 않았으며 이 세상에서 아무것도 가지고 갈 수 없습니다. 1티모 6,6-7

인간은 누구나 태어날 때는 두 주먹을 움켜쥐고 태어나지만, 죽을 때는 두 손을 펴고 간다. 시신에 입히는 수의에는 호주머니가 없다. 정녕 우리는 이 세상에서 아무것도 가지고 갈 수 없기 때문이다. 탐욕을 없애려면 무엇보다도 주어진 것에 만족하는 삶의 자세가 필요하다. 바오로 사도의 말씀을 들어보자.

나는 어떠한 처지에서도 만족하는 법을 배웠습니다. 나는 비천하게 살 줄도 알고 풍족하게 살 줄도 압니다. 배부르거나 배고프거나 넉넉하거나 모자라거나 그 어떠한 경우에도 잘 지내는 비결을 알고 있습니다. 나에게 힘을 주시는 분 안에서 나는 모든 것을 할 수 있습니다. 필리 4,11-13

아우구스티노 성인은 인간의 됨됨이를 가늠할 수 있는 기준은 그 사람의 '신념'이 아니라 '사랑'이라고 하면서, 그가 사랑하는 대상을 보면 그 사람을 알 수 있다고 했다.[13]

내 하느님 아닌 모든 부富는 결핍이다.[14]

_아우구스티노

전시용 신앙

하나니아스란 이름은 '주님은 은혜로우시다', 사피라는 '아름다운 사람'이라는 뜻이다. 하지만 그처럼 좋은 이름을 가지고 있었던 그 부부의 신앙은 이른바 '전시용 신앙'에 불과했다. 사람들에게 주목받고 칭송받고자 하는 허영에서 비롯된, 보여주기 위한 신앙이었기 때문이다.

안타깝지만 오늘날에도 하나니아스 부부와 비슷한 모습으로 살아가는 신자들이 있다. 주일을 충실히 지키고 교무금도 꼬박꼬박 내며 봉사활동도 열심히 하지만, 진실한 믿음의 삶을 추구하는 마음에서 그렇게 하는 것이라기보다 체면 때문에 또는 사람들의 인정을 받기 위해서 그렇게 하는 이들이 있다. 평소에는 하느님과의 관계나 기도 생활에 전혀 관심을 두지 않다가 본당 신부나 수도자들을 만나면 '제가 예수님의 제자답게 살고 싶은데, 왜 이렇게 부족한 것이 많은지 모르겠어요. 영적으로 성장하고 싶어서 이것저것 노력하는데 잘되지 않네요' 하면서 신앙생활에 대해 진지하게 고민하는 척하는 사람도 있다. 심지어 종교를 출세를 위한 도구로 이용하는 경우도 있다.

남에게 보이기 위한 신앙생활을 하는 경우는 본당 신심 단체에서도 찾아볼 수 있다. 각 단체가 서로 경쟁하듯 다른 단체보다 뛰어나다는 것을 드러내기 위해 때로는 성과를 부풀려서 보고하기도 한다. 본당 활동을 하는 목적을 잊고 사는 셈이다.

예수님도 바리사이들의 위선적 자선과 기도와 단식을 신랄하게 비판하셨다. 자선이든 기도든 단식이든 오직 하느님을 향한 진실하고 순수한 마음으로 해야 하는데, 바리사이들은 그 모든 것을 남들에게 보이려고 하면서 하느님의 영광이 아닌 자기들의 영광을 추구했기 때문이다.

> 너희는 사람들에게 보이려고 그들 앞에서 의로운 일을 하지 않도록 조심하여라. 그러지 않으면 하늘에 계신 너희 아버지에게서 상을 받지 못한다.
>
> 마태 6,1

하나니아스와 사피라 부부가 교회의 우두머리였다면?

하나니아스와 사피라 부부가 예루살렘 교회의 우두머리였다면 어떻게 되었을까? 그들만 파멸하는 것이 아니라 그들이 이끌던 공동체도 파국으로 치달았을 것이다.

영화 <타이타닉>은 실화를 바탕으로 만든 것이다. 1912년 4월 15일, 초호화 유람선 타이타닉이 영국을 떠나 뉴욕을 향해 가다가 빙산에 충돌해 침몰하면서 천오백 명 이상이 목숨을 잃었다. 사고가 나기 전에 이미 타이타닉의 선장과 선원들은 실제로 여섯 번에 걸쳐서 빙산을 조심하라는 경고를 받았다. 그들이 항해하는 바다에는 빙산이 많으니 항로를 바꾸어 남쪽 길로 항해하라는 이야기를 들었는데, 그것은 타이타닉보다 앞서 그 뱃길로 가다가 빙산 때문에 위험했던 경험을 한 적이 있는 이들에게서 온 경고였다.

하지만 타이타닉의 선장과 선원들은 그 경고를 무시했다. 그들은 어떤 경우에도 타이타닉은 파선되지 않을 것이라고 믿었다. 선장의 머릿속에는 영국에서 뉴욕까지 항해 시간을 단축하여 신기록을 달성하겠다는 목표만 있었기에, 보다 먼 길이 될 남쪽 항로로 항해할 생각이 없었다.

선장에게 마지막으로 경고를 주었던 이들은, 현재 자기들의 배가 얼음에 갇혀있다고 하면서 제발 선로를 바꾸라고 설득했다. 하지만 타이타닉에서 온 대답은 '시끄럽다! 우리는 갈 길이 바쁘다. 우리는 영국에서 뉴욕까지의 항해 시간을 더 단축하기 위해 도전하고 있는 중이다'였다.

결국 몇 시간 뒤 타이타닉은 빙산에 부딪혔고, 수많은 사람이 차가운 바닷속에서 목숨을 잃었다. 타이타닉에게 마지막으로 경고했던 이들이 타고 있던 배는 불과 몇 킬로미터 떨어지지 않은 가까운 곳에 있었지만 그들을 구조하러 오지 않았다. 타이타닉에게 수없이 경고했다가 타박만 받은 통신 책임자가 통신장치를 아예 끄고 잠들었기 때문이다.

타이타닉의 선장은 틀림없이 오랜 경력과 뛰어난 실력을 가지고 있었을 것이다. 하지만 그의 오만과 헛된 명예욕이 자기 자신은 물론 배 안에 있던 많은 이들의 목숨을 앗아간 것이다.

안타깝게도 타이타닉의 비극과 비슷한 일들이 우리 신앙 공동체나 가정 공동체에서도 종종 일어난다. 공동체의 리더나 가장이 시기심과 탐욕, 허영과 교만에 사로잡혀 어리석게 행동한다면 그 공동체에 속한 이들까지도 파멸로 이끌 수 있다. 주님께서도 눈먼 이가 눈먼 이를 인도하면 둘 다 구덩이에 빠지게 된다루카 6,39 참조고 말씀하셨다.

땅값의 일부를 떼어놓았소?

왜 사탄에게 마음을 빼앗겨 성령을 속이고 땅값의 일부를 떼어놓았소?

사도 5,3

베드로 사도가 하나니아스에게 한 질문이다. 초대교회 때부터 지금까지 그리스도교 신자들은 하루에도 여러 번 <주님의 기도>

를 바치면서 "저희를 유혹에 빠지지 않게 하시고 악에서 구하소서"라고 기도한다. 우리가 주님께 유혹에 빠지지 않게 해달라고 청하는 것은, 행여 우리가 어둠의 유혹을 받는 순간이 오더라도 하느님과 멀어지는 우를 범하지 않게 해주시기를 바라기 때문이다.

베드로가 하나니아스에게 한 질문만 얼핏 들으면, 마치 하나니아스가 땅값의 전부를 공동체에 내어놓아야 할 의무가 있는 것처럼 보일 수 있다. 하지만 이어서 베드로 사도가 "그 땅은 팔리기 전에도 그대 것이었고, 또 팔린 뒤에도 그 돈은 그대 마음대로 할 수 있었던 것 아니오?"5,4라고 한 것을 보면, 여전히 하나니아스에게 그 땅의 소유권과 처분권이 있었음을 알 수 있다. 하나니아스는 땅을 팔라는 강요를 받은 적도, 땅 판 돈을 모두 헌납하도록 강요받은 적도 없다.[15] 그렇기에 그는 굳이 거짓말을 할 이유가 없었다. 그가 원하면 땅값의 일부만 내놓으며 '이 정도만 내겠습니다'라고 할 수 있었다. 하지만 사람들의 칭송도 받고 돈도 챙기고 싶은 욕심 때문에 거짓말을 한 것이다.

> 하나니아스, 왜 사탄이 당신의 마음을 차지하여 당신으로 하여금 성령을 속이고 밭 값의 일부를 떼어놓게 했습니까? … 당신은 사람을 속인 것이 아니라 하느님을 속였습니다. 5,3-4_필자 직역

성령과 하느님을 속이고

교회 공동체를 속인 하나니아스에게 그가 성령을 속였다고 꾸짖는 베드로의 모습을 통해, 교회가 단순히 인간들로 구성된 조직에 불과한 것이 아님을 알 수 있다. 교회는 성령의 성전이기에, 교회 공동체를 속인 것은 곧 성령을 속인 것이다.

베드로는 계속해서 하나니아스가 사람을 속인 것이 아니라 하느님을 속인 것이라고 말하는데, 하나니아스는 본디 하느님을 속일 생각은 없었을 것이다. 누가 감히 전지전능하신 하느님을 속일 생각을 하겠는가? 다윗이 간음죄와 살인 교사죄를 범한 후 뒤늦게 통회하며 바쳤던 기도를 보면 '오로지 하느님께' 잘못을 저질렀다고 한다.

> 하느님, 당신 자애에 따라 저를 불쌍히 여기소서.
>
> 당신의 크신 자비에 따라 저의 죄악을 지워주소서.
>
> …
>
> 당신께, 오로지 당신께 잘못을 저지르고
>
> 당신 눈에 악한 짓을 제가 하였기에…. 시편 51,3.6

인간이 저지르는 죄는 궁극적으로 하느님을 거스르는 죄다.

2

하나니아스와 사피라의 죽음

하나니아스는 이 말을 듣고 쓰러져 숨지고 말았다. 그리고 이 소문을 들은 사람들은 모두 큰 두려움에 사로잡혔다. 젊은이들이 일어나 그 시체를 싸서 메고 나가 묻었다. 세 시간쯤 지나서 하나니아스의 아내가 그동안에 일어난 일을 알지 못한 채 들어왔다. 베드로가 그 여자에게 "나에게 말해보시오. 그대들이 땅을 이만큼 받고 팔았소?" 하고 물으니, 그 여자가 "예, 그만큼입니다" 하고 대답하였다. 베드로가 그 여자에게, "어쩌자고 그대들은 서로 공모하여 주님의 영을 시험하는 것이오? 보시오, 그대 남편을 묻은 이들이 바로 문 앞에 이르렀소. 그들이 당신도 메고 나갈 것이오" 하고 말하였다. 그러자 그 여자도 즉시 베드로의 발 앞에 쓰러져 숨지고 말았다. 그 젊은이들이 들어와 여자가 죽은 것을 보고 메고 나가 그 남편 곁에 묻었다. 그리하여 온 교회와 그 소문을 들은 사람들은 모두 큰 두려움에 사로잡혔다. 사도 5,5-11

하나니아스와 사피라 부부는 각각 베드로 사도가 꾸짖는 말을 듣고 곧바로 쓰러져 숨지고 만다. 이들 부부의 급사는 수치심과 죄책감을 이기지 못해서 발생한 쇼크사일까? 자신의 죄가 발각되었다는 이유만으로 충격을 받아 즉사하는 경우는 드물다. 그 두 사람은 하느님께 벌을 받은 것이다.[16]

하나니아스 부부의 이야기는 초대교회 때부터 지금까지 많은 이의 마음을 불편하게 한다. 과연 그 부부가 죽음의 형벌을 받아야 할 정도로 심각한 죄를 지은 것인가 싶은 것이다. 그 부부의 목숨을 단숨에 거두어 가신 하느님이 과연 사랑과 자비의 하느님인지 의문을 제기하는 이들도 있다. 그래서 어떤 학자들은 이들 부부의 이야기가 실제로 있었던 사건이라기보다 전해 내려오는 이야기라고 주장한다. 그들의 논지는 이러하다.

초대교회에서 이들 부부보다 더 불순한 범죄를 저지른 이들이 있었지만, 이들처럼 즉사하지는 않았다. 예를 들어 바오로 사도의 복음 선포를 집요하게 방해했던 유다인 거짓 예언자 바르예수는 소경이 되는 벌을 받았을 뿐이고사도 13,6-11 참조, 성령을 매수하려고 했던 사마리아 교회의 마술사 시몬도 별다른 벌을 받지 않았다.8,19-23 참조 만일 하나니아스 부부와 비슷한 죄를 짓는 신자들이 모두 갑작스러운 죽음을 당하게 된다면, 교회가 텅텅 비게 될 것이라고 말하는 이들도 있다.

하나니아스 부부의 죽음이 하느님의 징벌이라는 근거

그 부부에게 일어난 일이 실제 사건이라고 볼 수 있는 첫 번째 근거는, 예루살렘 교회가 이들을 위한 장례를 치르지 않았다는 점이다. 하나니아스가 쓰러져 죽자 "젊은이들이 일어나 그 시체를 싸서 메고 나가 묻었다"5,6라고 한다.

하나니아스가 죽었을 때 교회는 그의 아내인 사피라와 가족들에게 그의 죽음을 알리지도 않았다. 아내와 가족이 애도할 시간을 주지 않았을 뿐 아니라 그들로 하여금 시신을 묻을 기회도 주지 않았다. 이처럼 죽은 사람에 대한 장례를 허락하지 않는 경우는 국가 반역자, 배교자, 그리고 하느님께 벌을 받아 죽은 자에 한해서였다. 그런 이들의 죽음은 하느님의 징벌로 간주했기에, 별다른 예를 갖추지 않고 그냥 매장하는 것이 관례였다.[17] 베드로는 하나니아스를 향해 저주나 심판의 말을 하지 않았다. 다만 그의 거짓을 지적했을 뿐이다. 그를 심판하신 분은 하느님이시다.

베드로는 하나니아스의 죽음을 하느님의 심판으로 받아들였기에,[18] 하나니아스가 죽고 나서 세 시간 뒤에 사피라가 왔을 때 그녀가 천벌을 받지 않도록 기회를 주려고 질문을 던진다. "나에게 말해보시오. 그대들이 땅을 이만큼 받고 팔았소?"5,8 베드로는 그녀가 회개하고 하느님의 용서를 받을 수 있도록 마음을 썼지만, 사피라는 거짓말을 한다. 그러자 베드로는 그녀도 남편처럼 하느님의 징벌을 받아 죽게 될 것임을 선언한다.

하나니아스 부부의 죽음이 하느님의 징벌이라는 또 하나의 근거는 사도 5,2에 사용된 '떼어놓다(노스피조νοσφίζω)'라는 동사에서 찾을 수 있다. 노스피조는 성경에 자주 나오는 단어가 아니다. 구약성경(칠십인역)에 한 번, 신약성경에 두 번 나올 뿐이다. 구약성경에서는 아칸여호 7,1 참조의 경우에, 신약성경에서는 하나니아스와 사피라 부부의 사건과 티토서의 윤리적 권고[19]에 나온다.

특히 아칸과 하나니아스 부부의 경우는 나란히 놓고 볼 수 있다. 둘 다 재물을 몰래 떼어놓은 일에 대한 이야기이기 때문이다.

> 아칸이 봉헌물을 떼어놓았다ἐνοσφίσαντο. 그리하여 주님께서 이스라엘 자손들에게 진노를 터뜨리셨다. 여호 7,1_필자 직역

> [하나니아스가] 아내의 동의 아래, 판 값의 일부를 떼어놓고ἐνοσφίσατο 나머지만 가져다가 사도들의 발 앞에 놓았다. 사도 5,2

아칸이 하느님의 심판을 받아서 죽은 것처럼, 하나니아스와 사피라도 하느님이 징벌하신 것이다.[20] 아칸은 적에게서 빼앗은 재물은 개인이 소유하지 말고 반드시 봉헌물로 바치라는 하느님의 명

령여호 6,18 참조을 어기고, 좋은 겉옷 한 벌과 은 이백 세켈과 금 쉰 세켈을 몰래 빼돌렸다.여호 7,1.21 참조

아칸은 이스라엘이 약속의 땅에 자리를 잡으려 할 때 처음으로 죄를 저지른 사람이고, 하나니아스 부부는 새 이스라엘인 교회가 뿌리를 막 내리고 있을 때 처음으로 죄를 저지른 이들이다. 하나니아스 부부는 교회를 위협했던 '신약의 아칸'[21]이며, 아칸과 그 부부는 속임수로 하느님 백성의 성장을 위협했던 인물들이다.

사랑의 하느님은 정의의 하느님

사랑과 용서의 하느님이 어떻게 그런 징벌을 내릴 수 있는지 의문을 제기하는 이들도 있다고 했는데, 사랑과 용서의 하느님은 또한 정의의 하느님이심을 간과해서는 안 된다.

하느님은 죄를 싫어하신다. 죄는 하느님의 속성이 아니다. 금세기의 탁월한 신학자 칼 바르트는 "하느님의 사랑은 그분의 진노 안에서 구체화된다"라고 말했다. 이스라엘이 듣지 않고 보지 않기에 하느님께서는 이스라엘을 때려서라도 가르치신다. 하지만 그다음에는 싸매주고 보듬어 주신다. 이러한 하느님의 모습은 부모가 어린 자녀들을 훈육할 때 사용하는 방법이다. 자녀가 말을 듣지 않으면 부모는 회초리를 든다. 그러고는 마음이 아파 자녀가 잠들었을 때 종아리에 약을 발라주면서 눈물을 흘린다.

하느님이 진노하시는 까닭은, 인간이 당신과 올바른 관계를 회복하도록 하시기 위함이다. 하느님이 예언자들을 통해 전하신 신랄한 표현들은 일종의 충격요법이라고 할 수 있다. 하느님께서는 죄지은 인간을 당장이라도 내려칠 것처럼 말씀하시지만, 그 말씀 안에는 이미 용서가 담겨있다. 하느님은 죄를 지은 인간이 당신께로 돌아서기만 하면, 즉시 용서하신다. 예레미야서 1장을 읽어보자. 무시무시한 하느님의 진노가 쏟아져 나온다. 그런데 계속 읽어 내려가다 보면 하느님의 애끓는 마음을 감지할 수 있다. 그분은 '돌아오너라' 하는 말씀을 얼마나 자주 하시는지 모른다.[22]

배반자 이스라엘아, 돌아오너라. 주님의 말씀이다. 나는 너에게 성난 얼굴을 보이지 않으리라. 나는 자애로우니 영원히 진노하지 않으리라. 주님의 말씀이다. … 배반한 자식들아, 돌아오너라. 예레 3,12-14

먹은 음식이 잘 소화되지 않고 체할 때가 있듯이, 우리 영혼도 체할 때가 있다. 바로 하느님과 소통이 되지 않을 때다. 우리 생명의 근원인 그분과의 관계가 단절되면, 우리 영혼은 활기를 잃게 된다. 영적 양분이 공급되지 않기 때문이다. 그럴 때 우리가 복용해야 할 영적 소화제는 죄를 뉘우치고 고해성사를 보는 것이다. 우리가 원하기만 한다면 언제든지 고해성사를 통해 하느님과 화해하고 생기를 되찾아 구원의 삶을 살아갈 수 있다.

히브리서 11장은 우리보다 앞서 하느님을 섬기며 살았던 사람들 가운데 특히 신앙의 모범을 보여준 이들을 열거한다. 그런데 놀랍게도 그 가운데 삼손이 포함되어 있다.히브 11,32 참조 구약성경에 따르면 삼손은 성적으로 문란했고, 거짓말을 밥 먹듯 했으며, 책임감도 신중함도 없었다.판관 14-16장 참조 그는 또한 절대 말해서는 안 될 비밀을, 곧 자신의 막강한 힘이 머리카락에서 나온다는 사실을 이방인 아내 들릴라에게 말해버렸다. 그로 인해 그가 잠자는 동안 들릴라는 그의 머리카락을 잘랐고 결국 그는 적군에게 붙잡혀 두 눈을 뽑힌다. 이처럼 흠투성이인 삼손이 히브리서에 믿음의 거장들과 함께 이름을 올릴 수 있었던 것은, 그가 죽기 직전에 온 힘을 다해 드린 기도 덕분이었다. 그는 쇠사슬에 묶인 채 조롱을 받게 되자 하느님께 간절히 기도했다.

> 주 하느님, 저를 기억해 주십시오. 이번 한 번만 저에게 다시 힘을 주십시오. 하느님, 이 한 번으로 필리스티아인들에게 저의 두 눈에 대해 복수를 하게 해주십시오. 판관 16,28

진정으로 하느님을 믿고 그분을 온전히 의지하는 사람이 아니라면 결코 드릴 수 없는 기도다. 이 기도는 어쩌면 그가 생전 처음으로 드린 기도였는지도 모른다. 그리고 하느님께서는 그의 기도에 기꺼이 응답하셨다.

우리는 삼손의 인생 역정을 보면서 주님이 어떤 분인지 깨닫게 된다. 그분은 당신께 다가가는 사람은 누구든 구원하시는 분이다. 그가 어떤 어리석은 선택을 하며 살아왔든, 얼마나 타락한 삶을 살아왔든, 회개하고 주님께 나아가기만 하면 조건 없이 우리를 받아주시는 분이다. 그러니 '만일 그때 이렇게 했더라면…'이라고 한탄하기보다는 우리를 다시 일으켜 주실 주님의 자비를 구해야 한다. 인생에 너무 늦은 때란 없다. 무언가를 시작하기에 이미 늦었다고 생각될 때, 바로 그때 시작하면 된다. 회개도 마찬가지다.

하느님이 하나니아스와 사피라 부부를 준엄하게 심판하신 이유

인격이 형성되는 과정에서도 유아기는 아주 중요하다. 심리학자들에 따르면, 유아기에 각인된 경험은 여간해서는 바뀌지 않는다고 한다. 바뀌기가 얼마나 어려우면 '아기의 뇌는 큰 눈이 내린 길과 같다'라는 말이 있겠는가! 큰 눈이 내려 쌓인 길을 차 한 대가 지나가면 그 바퀴 자국을 따라 다른 차가 지나가고, 그다음 또 다른 차가 지나간다. 그리하여 바퀴 자국은 점점 더 다져져서, 그 뒤에 오는 차가 아무리 새로운 길을 만들어 가려고 해도 어렵게 된다. 이미 골이 깊게 팬 자국으로 차 바퀴가 거의 저절로 미끄러져 들어가 버리기 때문이다.

한마음 한뜻으로 성장해 가고 있던 초대교회였다 하더라도 공동체 안에 속임수와 위선이 싹트고 또 그것을 묵인하기 시작했다면 교회의 밝은 미래를 기대하기는 어려웠을 것이기에, 하느님은 하나니아스 부부에게 예외적으로 준엄한 벌을 내리셨다. 존자 베다의 표현을 빌리면 "교회의 순박함을 더럽힐 잡초들을 미리 뿌리째 뽑아버린 것"[23]이다. 오리게네스도 하나니아스 부부의 비극을 다음과 같이 표현한다.

> 그들은 죽었습니다. 위선의 전염병이 주님의 교회 안에서 자라지 않도록 하기 위함이었습니다.[24]

한 지역에 구제역이 돌면 그 마을에서 키우는 가축들을 모두 죽여야 한다. 조류독감이 퍼질 때에도 마찬가지다. 엄청난 손해를 감수하면서도 그렇게 할 수밖에 없는 이유는 병균이 퍼지는 것을 막기 위해서다. 하나니아스와 사피라 부부가 엄하고 가혹한 처벌을 받은 것도 같은 맥락에서다. 성령의 인도로 교회가 이제 막 조심스럽게 뿌리를 내리고 있을 때 성령을 속이는 병균이 뿌리에 달라붙었는데, 그 병균을 제거하지 않는다면 그 나무는 조만간 병들어 죽고 말 것이다.

루카는 고집스러울 정도로 정직하게 초대교회에 관해 전해주고 있다. 사실 하나니아스 부부의 사연처럼 궂은 이야기는 얼마든지 덮고 넘어갈 수도 있었다. 사실 사도행전에서 그 부부 이야기가 등장하기 전까지는, 공동체가 한마음 한뜻으로 일치하고 사도들은 담대하게 복음을 증언하며 신자들은 자기 재산을 가난한 이들을 위해 기꺼이 내놓는 등 초대교회의 긍정적인 모습들만 묘사되었기에, 어떤 학자들은 루카가 초대교회를 지나치게 이상화했다고 주장하기도 한다. 그렇지만 하나니아스 부부 이야기야말로 그 주장이 사실이 아님을 보여주는 좋은 예다.[25] 루카는 그 부부 이야기를 통해, 교회 안에 현존하시는 성령을 속이는 행위가 얼마나 큰 죄인지를 알려주고 싶었을 것이다.

루카는 '교회'라는 뜻의 에클레시아ἐκκλησία라는 단어를, 하나니아스와 사피라 사건을 마무리하며 처음으로 사용한다.

> 그리하여 온 교회와 그 소문을 들은 사람들은 모두 큰 두려움에 사로잡혔다. 사도 5,11

오순절 성령 강림 이후 공식적으로 탄생한 교회를 일컬을 때, '그들의 모임' 2,47이나 '신자들의 공동체' 4,32 등으로 표현했던 루카가 하나니아스와 사피라에 대한 하느님의 심판 직후 '교회'라는 단어를 사용한 것은, 앞에서도 강조했듯이 교회가 단순히 사람들로 구성된 조직이 아니라 하느님의 부르심을 받아 성령의 인도로 살아가는 신앙 공동체임을 강조하기 위해서다.[26]

초대교회 역사에서, 하나니아스 부부에게 내려진 것처럼 그렇게 즉각적인 징벌은 더는 이루어지지 않는다. 요한 크리소스토모가 그 부부 사건에 관해 다음과 같이 말했듯이, 본을 보여주는 것은 한 번이면 족하기 때문이다.

> 안식일에 나뭇가지를 모으던 사람민수 15,32 참조의 경우처럼 본보기가 한 번 주어짐으로써 율법이 확립되었듯이, 이 경우도 마찬가지로 다른 모든 사람이 하느님을 두려워할 줄 알게 하려 함이었다.[27]

하나니아스와 사피라 부부도 구원받을 수 있는가?

그렇다. 하나니아스 부부도 구원을 받을 수 있다. 그들은 성령을 속이고 거짓말한 죄로 죽음을 당했지만, 그리스도교 신자였던 그들이 하느님의 징벌을 받았다고 해서 그것이 곧 영영 구원받지 못한다는 의미는 아니다. 여전히 구원의 가능성은 열려있다.[28]

물론 "사람의 아들을 거슬러 말하는 자는 용서받을 것이다. 그러나 성령을 거슬러 말하는 자는 현세에서도 내세에서도 용서받지 못할 것이다"마태 12,32라는 말씀에 근거하여, 그 부부가 구원받지 못했다고 주장하는 사람도 있다. 그러나 하나니아스와 사피라 부부는 처음부터 고의로 성령을 속인 것이 아니라, 자신들의 무질서한 욕구에 이끌려 성령을 속이는 결과를 초래했던 것이다.

바오로 사도는 코린토 공동체의 한 죄인을 공동체에서 추방하면서 "그러한 자를 사탄에게 넘겨 그 육체는 파멸하게 하고 그 영은 주님의 날에 구원을 받게 한다"1코린 5,5라고 말한다. 같은 맥락에서 하나니아스와 사피라 부부의 죽음이 필연적으로 구원의 상실을 가리키는 것은 아니라는 뜻이다. 그 부부에 관해 아우구스티노 성인도 다음과 같이 말했다.

> 하느님이 그 부부에게 일시적인 벌을 내리신 것은, 당신의 가르침을 깨닫게 하시기 위함이었다. 이 땅에서의 생을 마친 그들을 하느님께서 용서하셨을 것이라고 믿어야 한다. 그분의 자비는 참으로 크시기 때문이다.[29]

예루살렘 초대교회가 오늘날 신앙 공동체의 중요한 본보기가 되는 이유는, 당시의 공동체 안에 어떤 문제나 갈등이 없어서가 아니었다. 초대교회 공동체는 문제나 갈등이 생겼을 때, 그것을 감추거나 외면하지 않고 성령께 도움을 청하며 적극적으로 해결하려고 노력했다. 그들은 위기 상황이 닥쳤을 때 움츠러들거나 분열로 치닫는 대신, 하느님 안에서 더욱 깊은 코이노니아(일치)로 나아가는 새로운 출발점으로 삼았다.

사탄과의 영적 전쟁

하나니아스와 부부의 타락은 그리스도의 원수인 사탄이 그들 부부의 욕구를 이용해서 교회를 뒤흔들려고 일으킨 영적 전쟁의 일부다. 사탄이 교회의 성장을 막기 위해서 교회 안팎에서 일으키는 전쟁은 지금 이 순간에도 계속되고 있다.

우리는 교회 안에 어떤 문제가 생기면 그 문제를 단순히 사회적·인간적 관점에서만 바라볼 것이 아니라, 영적 전쟁의 관점에서도 보아야 한다. 교회는 주님이 재림하시는 날까지 끊임없이 어둠의 세력과 영적 전쟁을 치러야 하기 때문이다. '영적 전쟁'의 개념은 바오로 서간에도 자주 등장한다.

어둠의 행실을 벗어버리고 빛의 갑옷을 입읍시다. 로마 13,12

맑은 정신으로 믿음과 사랑의 갑옷을 입고 구원의 희망을 투구로 씁시다. 1테살 5,8

그리스도 예수님의 훌륭한 군사답게 고난에 동참하십시오. 2티모 2,3

신자들 가운데 사탄이나 악령에 관해 잘못된 생각을 가지고 있는 이들이 있다. 사탄은 아예 존재하지 않기 때문에 영적 전쟁이 의미 없다고 생각하는 사람도 있고, 사탄이 존재했었지만 이천 년 전에 이미 예수 그리스도에게 패배했기에 더 이상 문제가 되지 않는다고 생각하는 사람도 있다. 둘 다 틀린 생각이다.

성 바오로 6세 교종은 영적 전쟁에 대해 신자들에게 다음과 같이 표현했다.

오늘날 교회에 가장 필요한 것 가운데 하나는 악으로부터 교회를 지키는 것입니다. 세상에 얼마나 많은 악이 존재하는지 보이지 않습니까? 악은 더 이상 단순한 결핍이 아니라 힘을 발휘하는 존재이며, 살아있는 영적 존재이자 타락하고 타락시키는 존재입니다. 악은 끔찍한 현실이자 두렵고 은밀한 실재입니다. 이러한 사실을 인정하지 않는 이는 교회와 성경의 가르침에 정면으로 반대하는 사람입니다.[30]

프란치스코 교종도 영적 전쟁에 대한 신자들의 무관심을 한탄했다.

악마의 존재는 성경의 맨 첫 쪽부터 언급되고, 성경은 하느님이 악마에게 승리하셨음을 선포하면서 끝맺습니다. 어떤 사제들은 예수님이 악마를 쫓아내시는 복음 구절을 읽고 나서 '예수님께서는 정신 질환을 앓던 사람을 치유하셨다'라고 말합니다. 물론 간질과 마귀 들림을 혼동했을 수도 있습니다만, 악마가 정말 존재한다는 것도 사실이지요! 그러므로 '그건 모두 마귀 들림이 아니라 정신 질환이었다' 하는 식으로 단순하게 축소해서는 안 됩니다.[31]

이 세상에서 영적 전쟁이 더 이상 일어나지 않는다면, 우리가 굳이 "저희를 유혹에 빠지지 않게 하시고" 하며 <주님의 기도>를 바칠 필요가 있을까? 또 파스카 성야 미사 때 세례 서약을 갱신하며 '마귀를 끊어버립니다'라고 다짐할 필요가 있을까?

'끊어버립니다'라는 대답에는 이미 악의 세력이 여전히 우리에게 영향을 미치고 있으며, 그리스도인의 삶은 끊임없이 우리를 무너뜨리려는 그 세력에 대항하는 영적 전쟁이기도 하다. 사탄과의 싸움을 단지 영화나 드라마에 사용되는 소재로만 생각해서는 안 된다.

> 하늘나라는 자기 밭에 좋은 씨를 뿌리는 사람에 비길 수 있다. 사람들이 자는 동안에 그의 원수가 와서 밀 가운데에 가라지를 덧뿌리고 갔다. 줄기가 나서 열매를 맺을 때에 가라지들도 드러났다. 그래서 종들이 집주인에게 가서, "주인님, 밭에 좋은 씨를 뿌리지 않았습니까? 그런데 가라지는 어디서 생겼습니까?" 하고 묻자, "원수가 그렇게 하였구나" 하고 집주인이 말하였다. 종들이 "그러면 저희가 가서 그것들을 거두어 낼까요?" 하고 묻자, 그는 이렇게 일렀다. "아니다. 너희가 가라지들을 거두어 내다가 밀까지 함께 뽑을지도 모른다. 수확 때까지 둘 다 함께 자라도록 내버려두어라. 수확 때에 내가 일꾼들에게, 먼저 가라지를 거두어서 단으로 묶어 태워버리고 밀은 내 곳간으로 모아들이라고 하겠다." 마태 13,24-30

이 비유에서 원수는 사탄을, 주인은 하느님을 가리킨다. 하느님께서 수확 때까지 밀과 가라지가 함께 자라도록 하신 이유는 밀을 보호하시기 위해서다. 수확 전에는 가라지가 밀과 매우 비슷하기 때문에 가라지를 뽑으려다 자칫 밀까지 뽑아버릴 수 있기 때문이다.

그러나 추수 때가 되면 둘은 명확히 구분된다. 밀은 통통한 열매를 맺지만, 가라지는 껍데기만 남게 된다. 가라지를 미리 뽑지 않는 까닭에, 밀은 추수 때까지 자기가 취해야 할 영양분을 가라지에게 빼앗기면서도 참고 견뎌야 한다.

가톨릭인터넷 굿뉴스

밀(왼쪽)과 가라지(오른쪽)

그 어느 때보다도 급변하고 예측 불가능하기에 혼란스러운 세상 앞에서 '세상이 도대체 어디로 흘러가는가? 좋아지고 있는가, 아니면 더 나빠지고 있는가?'라는 질문을 던지는 사람이 있다면, 그에 대한 예수님의 답변은 명확하다. "세상은 날마다 좋아지기도 하고, 나빠지기도 한다." 왜냐하면 밀은 밀대로, 가라지는 가라지대로 따로 또 같이 자라기 때문이다.

이 세상 안에는 두 가지 씨 뿌림이 계속해서 이루어지고 있다. 주님께서는 좋은 씨앗을, 사탄은 나쁜 씨앗을 세상 안에 뿌리고 있다. 이 두 종류의 씨 뿌림은 본당 공동체, 가정 공동체 등 영역을 가리지 않고 도처에서 일어난다.

도둑맞지 않으려면 도둑의 수법을 미리 파악해야 하듯이, 영적 전쟁에서 승리하려면 먼저 사탄의 존재를 인정하고 그 정체를 파악해야 한다.

필자는 로마에서 6년을 살았기에, 로마의 소매치기들이 얼마나 솜씨가 좋은지 익히 알고 있다. 필자 또한 그곳에서 두 차례나 크게 소매치기를 당한 적이 있어서, 그 후로는 로마에 가는 지인이 있으면 각별히 조심하라고 당부하곤 한다. 가방을 몸에서 절대 떼어놓지 말 것, 대중교통을 이용할 때는 가방을 꼭 앞으로 멜 것, 누군가 뭘 물어보면 혹시 근처에 그의 일당으로 보이는 이들이 있진 않은지 먼저 살필 것 등….

필자가 속한 공동체의 한 신부님도 몇 년 전 로마에 가셨다가 크게 털렸다. 신부님이 가방 두 개를 들고 역전 광장을 걷고 있었는데, 누군가가 가방에 뭐가 묻었다는 말을 해줬다고 한다. 그래서 살펴보니 큰 가방에 정말로 뭔가 더러운 것이 묻어있었기에, 작은 가방을 잠시 옆에 둔 채 큰 가방을 닦았다고 한다. 그러고 나서 가던 길을 다시 가려고 보니, 옆에 두었던 작은 가방이 이미 사라진 뒤였다. 그 가방 안에는 비행기표, 여권, 사진기, 여행 경비로 쓸 돈 등 이른바 중요한 것이 모두 들어있었다고 한다. 그 신부님은 로마로 떠나기 전에 소매치기들에 관해 많이 듣긴 했지만, 그들이 얼마나 교묘하고 노련한지는 미처 알지 못했던 것이다.

그런데 사탄은 로마의 소매치기들보다 더 노련하고 더 교묘하다. 그러므로 정신을 바짝 차리고 깨어 조심하지 않으면 순식간에 당하기 쉽다. 사탄의 또 다른 특징은 집요함이다. 예수님의 공생활 동안에도 사탄이 끈질기게 그분을 따라다니며 공격했다. 광야에서 사십 일 동안 단식하실 때, 겟세마니에서 기도하실 때, 십자가에 매달려 돌아가실 때까지도 사탄의 유혹은 계속되었다.

우리는 미래에 일어날 어떤 사건을 떠올릴 때 주로 저마다의 경험에 비추어 상상하곤 한다. 예를 들어 눈이 올 것이라는 예보를 들으면, 사람마다 반응이 가지각색이다. 누군가는 삽으로 눈을 치울 생각부터 하고, 또 누군가는 어렵게 차를 빼서 출근할 생각에 미리부터 심란해하지만, 일반적으로 아이들은 신나게 놀 수 있을 거라 생각하고 마냥 즐거워한다.

영적 전쟁을 바라보는 시선 또한 사람마다 다르다. 어떤 이들은 미카엘 천사와 루치펠의 대결을 떠올리고, 또 어떤 이들은 <엑소시스트> 같은 영화를 상상하며 마귀 들린 사람의 소름 끼치는 눈빛과 기괴한 목소리를 떠올릴지도 모르겠다. 하지만 우리가 일상에서 경험하는 영적 전쟁은, 우리 마음 안에서 벌어지는 일이다.

오리게네스는 이렇게 말한다.

그대 자신 말고 밖에서 전쟁터를 찾아서는 안 된다. 그대가 치러야 할 전투는 … 그대 안에 있다. 그대의 적은 그대 마음에서 나온다.[32]

사탄은 우리 마음을 차지하려고 갖은 방법을 다 동원한다. 생명의 말씀이 우리 마음에 뿌려지면, 그는 즉시 달려와 말씀이 힘을 발휘하지 못하도록 방해 공작을 시작한다. 우리 내면에서 치열하게 벌어지는 이 전쟁은 우리의 신앙과 삶의 방향을 결정짓는 중요한 싸움이다.

조반니노 과레스키Giovannino Guareschi의 유명한 작품인 돈 까밀로Don Camillo 시리즈를 보면, 천사와 악마가 늘 함께 카밀로 신부를 따라다닌다.

Giovanni Guareschi, *Don Camillo and the devil*, Penguin Books, 1974.

그러다가 카밀로 신부가 어떤 결정을 내려야 할 순간이 되면, 천사와 악마는 늘 다른 해법을 제시한다. 그처럼 우리에게도 늘 천사와 악마가 따라다닌다. 그렇기에 바오로 사도는 "(나는) 선을 바라면서도 하지 못하고, 악을 바라지 않으면서도 그것을 하고 맙니다"로마 7,19라고 한탄한 것이 아닐까?

우리 행동의 90%는 습관에서 나온다고 한다. 그래서 많은 영성가들은 '마귀는 습관을 통해 신자들을 공격한다'라고 했다. 여기서 말하는 습관은 주로 나쁜 습관을 뜻한다. 화를 내는 것이 몸에 밴 사람은 사소한 일에도 버럭 화를 낸다. 어떤 이는 말을 끝까지 듣지 않고 벌컥 화부터 내기도 한다. 걸핏하면 짜증을 내는 사람도 마찬가지다. 그런데 이런 나쁜 습관은 어떻게 형성되는 것일까?

북미 원주민 체로키족에서 전통적으로 전해오는 이야기에 따르면, 우리 내면에는 두 마리의 늑대가 산다. 하나는 분노, 질투, 슬픔, 자기혐오를 먹고사는 늑대고, 다른 하나는 사랑, 연민, 용기, 평온을 먹고사는 늑대다. 이 두 마리는 매일같이 싸우는데, 우리가 더 많이 먹이를 주는 늑대가 이긴다. 이긴 늑대는 우리의 말과 행동, 삶 전체에 깊은 영향을 미친다. 어느 늑대를 우리 내면의 주인으로 삼을 것인지는 평소의 사소한 습관들이 결정하게 될 것이다.

선과 악에 대한 이야기를 다룬 「스크루테이프 편지」의 내용에 따르면, 악마는 누군가가 회개하여 하느님께 돌아가더라도 크게 걱정하지 않는다고 한다. 회개한 이들 가운데 대부분이 결국은 다시 예전에 있던 곳, 곧 회개 이전의 삶으로 돌아가기 때문이다. 그들이 다시 옛 삶으로 되돌아가게 만드는 것은 바로 그들의 일상적인 악습이다.[33]

4세기의 교부 에바그리우스 폰티쿠스는 인간의 내면세계, 곧 마음속을 스쳐 지나가는 각종 생각에 대해 깊이 탐구했으며, 특히 '하느님의 뜻을 거슬러 죄로 이끄는 악한 생각'을 '로기스모이 λογισμοί'라고 정의했다. 로기스모이에 속하는 여덟 가지 유형은 탐식, 음욕, 탐욕, 슬픔, 분노, 나태, 허영, 교만이며, 이는 모두 인간에게 보편적인 것들이자 삶에서 툭하면 올라오는 것들이다. 이 여덟 가지는 다시 세 그룹으로 나뉘는데, 첫 번째 그룹은 음식과 육체와 물질에 대한 욕구인 탐식, 음욕, 탐욕이다. 두 번째 그룹은 그런 욕구들이 채워지지 않았을 때 발생하는 분노, 슬픔, 나태이다. '아케디아'라고 부르기도 하는 나태는 영적 무기력, 권태, 우울, 게으름 등의 의미를 품고 있다. 마지막 그룹은 다른 이들의 인정과 칭찬에 대한 집착인 '허영' 그리고 '교만'이다.

로기스모이를 통해 우리를 유혹하는 주체는 악령들이며, 그들은 우리를 로기스모이에 굴복하게 만듦으로써 결과적으로 하느님의 뜻과 계명을 저버리고 죄를 짓도록 유도하며 내적 기쁨과 평화도 잃게 만든다.

이와 같은 악한 생각들과 맞서 싸우기 위해, 에바그리우스는 무엇보다도 분별력(디아크리시스διάκρισις)이 중요하다고 강조했으며, "분별력은 영혼의 길에서 올바른 방향을 유지하게 하는 빛"과 같고 "분별력을 갖춘 영혼은 하느님 안에서 참된 평화와 기쁨을 누린다"라고 말했다.[34]

우리 마음에 떠오르는 생각들을 분별하기 위해서는 가장 먼저 그것이 선한 생각인지 악한 생각인지 혹은 중립적인 것인지 구별할 수 있어야 한다. 악한 생각은 불안과 내적 혼란을 일으키고 영혼을 어둡게 만들며 하느님과 멀어지게 한다. 반면 선한 생각은 평화와 희망을 불러일으키며 하느님께 더욱 가까이 나아가도록 도와준다.

이러한 분별은 단순히 인간의 지혜만으로는 불가능하며 성령의 도움이 있어야 가능하다. 그러므로 기도하면서 어떤 생각이 떠오를 때마다 그것이 과연 하느님과의 친교를 돕는 것인지 방해하는 것인지 식별할 수 있도록 성령의 은총을 청하자.

영적 전쟁은 단순히 사탄과의 싸움만을 의미하는 것이 아니라, 우리의 영과 마음이 새로워져 옛 인간을 벗어버리고 하느님의 모습에 따라 창조된 새 인간을 입기에페 4,22-24 참조 위한 내적 싸움이다. 영적 존재인 사탄과의 싸움에서 승리하려면 하느님의 도움이 필요하다.

> 여러분은 악마의 계교에 맞설 수 있도록 하느님의 무기로 무장하시오. 실상 우리의 싸움은 피와 살을 가진 인간을 상대하는 것이 아니라, 권력과 권세의 악신들, 곧 어두운 세계의 지배자들, 천공에 있는 악한 영들을 대적하는 것입니다.에페 6,11-12_200주년 신약성서

14세기의 신비주의자 요하네스 타울러Johannes Tauler는 이렇게 말한다.

> 우리는 거룩한 신앙, 복된 성사, 하느님의 말씀, 교부들의 가르침, 성인들의 모범, 수도자들의 수행 전통 등 마귀보다 훨씬 강한 무기들을 가지고 있다.

하느님의 무기로 무장한다는 것은 전쟁터에 나갈 무사가 무장하는 것과는 본질적으로 다르다. 온갖 무기로 중무장한 골리앗도 가벼운 차림의 다윗 앞에서는 아무런 힘을 발휘하지 못했다. 다윗이 승리할 수 있었던 것은 하느님께서 그와 함께하셨기 때문이다. 그러므로 '어떻게 하면 내가 영적 전쟁에서 더 훌륭히 싸워 승리할 수 있을까?' 하는 생각보다, '어떻게 하면 그리스도께서 내 안에서 더 많은 활동을 하시고 나를 이끄실 수 있을까?'를 생각해야

한다. 사막의 은수자 안토니오 성인은 이렇게 말한다.

> 악령들과 그들의 간계를 잘 식별하시오. 그들은 지독한 놈들이지만, 힘은 보잘것없습니다. 그러니 그들을 두려워하지 말고, 언제나 그리스도를 호흡하며 그분을 신뢰하시오.[35]

그리스도를 호흡한다는 것은 그분 생명의 영을 들이마시는 것이다. 영적 전쟁에서 승리하는 비결은, 그분 안에 머물며 그분의 인도에 온전히 내어 맡기는 것이다. 인간의 지혜나 힘이 아니라 그리스도의 힘으로 어둠의 세력을 물리칠 수 있다.

3

공동체의 귀감인 '위로의 아들' 바르나바

키프로스 태생의 레위인으로, 사도들에게서 '위로의 아들'이라는 뜻의 바르나바라는 별명을 얻은 요셉도, 자기가 소유한 밭을 팔아 그 돈을 가져다가 사도들의 발 앞에 놓았다. 사도 4,36-37

위로의 사도직을 수행한 바르나바

바르나바는 본래 이름이 아니다. 바르나바는 '위로의 아들'이란 뜻으로 사도들이 요셉에게 붙여준 별명이다. '위로의 아들'은 '위로하는 사람'을 의미한다. 아람어에서는 누군가의 특징을 묘사할 때 '아들'이란 말을 붙이는 경우가 많았다. 예를 들어 평화를 위해 일하는 사람에겐 '평화의 아들'이라고 부르는 식이다.

요셉이 사도들에게 '위로의 아들'이라는 별명으로 불린 것은, 그가 평소 다른 사람들을 많이 위로하는 사람이었기 때문이다. 그러므로 바르나바가 자기 소유의 밭을 판 돈을 사도들의 발 앞에 놓았던 행위는 그가 평소에 해오던 선행의 연장이었을 것이라고 추측해 볼 수 있다.

'사도들의 발 앞에 놓았다'라는 표현에는 두 가지 의미가 있다. 첫째는 바르나바가 베드로를 비롯한 열두 사도의 권위에 온전히 순종했다는 뜻이다. 둘째는 사도들에게 갖다준 돈은 사도들을 위한 것이 아니라 공동체를 위한 것이었기에, 사도들이 공동체의 가난한 형제자매들을 위해 그 돈을 사용하도록 사용권을 사도들에게 위임한다는 의미였다.[36]

어려움에 처한 이들을 위로하고 도와주는 것은 성령의 은사 가운데 하나다.1코린 12,28 참조 어떤 의미에서 바르나바는 성령께서 그에게 주신 은사를 통해 초대교회의 두 사도, 바오로와 마르코가 우뚝 설 수 있도록 도와준 것이다.

바오로는 주님으로부터 부르심을 받은 다음에 예루살렘 교회 안에 들어오려고 했지만, 사람들이 바오로의 회심을 의심하자 그의 보증인이 되어준 이가 바로 바르나바였다.사도 9,26-27 참조 또 바오로가 교회로부터 철저히 외면당한 채 고향 타르수스에 가있을 때, 그를 시리아의 안티오키아 교회에서 함께 일하자고 초대한 것도 바르나바였다.11,25-26 참조 바르나바의 사촌이었던 마르코는콜로 4,10 참조 바오로와 함께 1차 선교여행에 참여했다가 중도에 하차했다. 바오로가 마르코를 두 번째 선교여행에 데리고 가지 않겠다고 했을 때, 바르나바는 마르코에게 다시 한번 기회를 주자고 했으나 바오로의 동의를 얻지 못했다. 그 때문에 바르나바는 바오로와 결별하고 마르코와 따로 선교여행을 떠났다.사도 15,36-39 참조 마르코는 바르나바 덕분에 심기일전하여 다시 선교 사도직에 투신할 수 있었고, 초대교회의 굵직한 인물로 자리매김할 수 있었다.

전승에 따르면 바르나바는 예수님이 파견한 일흔두 제자루카 10,1 참조 가운데 하나였고, 부활하신 예수님을 목격한 오백 명이 넘는 사람들1코린 15,6 참조 가운데 하나였다. 그는 키프로스섬에서 예루살렘으로 이주해 온 그리스계 유다인이었다. 키프로스는 팔레스티나에 가까이 위치한 큰 섬으로, 지중해에서는 시칠리아와 사르데냐에 이어 세 번째로 큰 섬이다. 바르나바는 이 섬에서 태어나 성장했고, 후에 가족과 함께 예루살렘으로 이주했다.[37]

키프로스는 그리스 문화권에 속했다. 유다인인 바르나바가 키프로스에서 태어나 성장했다는 것은 그가 유다 문화와 그리스 문화에 익숙했음을 암시한다. 아마도 그는 유다인들의 모국어인 아람어/히브리어와 당시 세계 공용어였던 그리스어에 능통했을 것

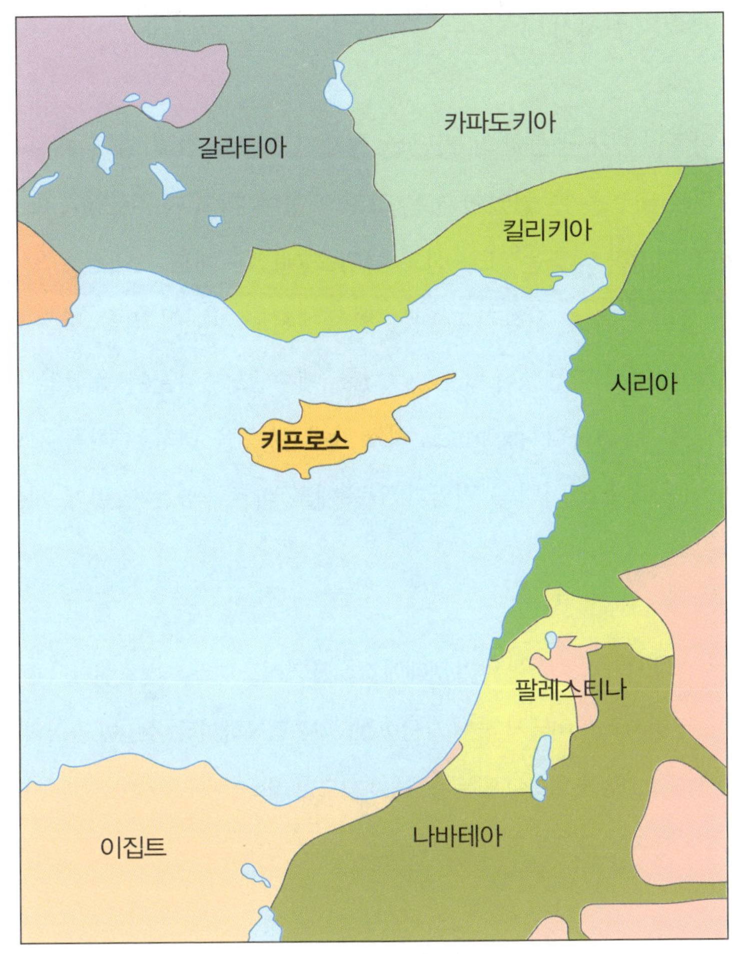

이다. 이렇게 두 문화권에 익숙했던 바르나바였기에, 훗날 시리아의 안티오키아에 유다인들과 그리스계 이방인들로 구성된 그리스도인 공동체가 세워졌을 때 사도들은 그를 그곳에 파견하며 교회 공동체를 격려하는 사명을 맡겼다.사도 11,22 참조

교회의 청지기 바르나바

바르나바가 공동체의 가난한 형제자매들을 위해 자기 재산을 기꺼이 내놓을 수 있었던 것은 그가 재물에 대해 자유로웠기 때문이다. 이러한 태도는 그가 선교 여행을 떠났을 때도 그대로 드러난다. 그는 복음을 전하러 다니는 와중에서도 자신이 먹을 것은 스스로 벌어서 마련했다.1코린 9,6.12 참조 예수님도 "일꾼이 품삯을 받는 것은 당연하다"루카 10,7고 하셨기에, 복음을 전하는 이들은 다른 이들에게 얻어먹을 권리가 있음에도 바르나바는 그렇게 하지 않았다.

> 주인이 자기 집 종들을 맡겨 제때에 정해진 양식을 내주게 할 충실하고 슬기로운 청지기는 어떻게 하는 사람이겠느냐? 행복하여라, 주인이 돌아와서 볼 때에 그렇게 일하고 있는 종! 내가 참으로 너희에게 말한다. 주인은 자기의 모든 재산을 그에게 맡길 것이다.12,42-44_필자 직역

청지기는 주인을 위해 결정을 내리고 계획하고 수행할 뿐 자신은 아무것도 소유하지 않는다. 진정 하느님만이 온 누리와 그 안에 가득 찬 모든 것의 주인이시기 때문이다.시편 24,1; 50,10-12 참조 지금 우리 수중에 있는 것도 하느님께서 우리에게 잠시 맡겨놓으신 것이다. 그런 의미에서 바르나바는 주인이 맡긴 것을 잘 관리해서 주인에게 돌려주는 '청지기 정신'을 가진 사람이었다.

무언가를 움켜쥐고 '이것은 내 것이니까 내 마음대로 할 수 있어' 하는 것이 아니라, 주어진 모든 것에 대해 '주님, 감사합니다. 이것은 주인이신 당신이 제게 잠시 맡겨주신 것에 불과합니다. 이것을 어딘가에 쓰고 싶으시다면 말씀하십시오. 즉시 그대로 하겠습니다'라고 하는 태도가 바로 청지기 정신이다.[38]

청지기 정신은 재물에만 관련된 것이 아니다. 우리의 직업, 건강, 재능, 영적 은사 등 우리에게 주어진 모든 것에 적용된다. 요즘 자주 듣게 되는 '재능 기부'도 청지기 정신을 살아가는 한 방법이다. 우리는 늘 깨어있으면서 자문해야 한다. 내 직업, 재산, 건강, 재능의 주인이 나인가 아니면 주님인가? 나는 내가 주님께 받은 많은 선물을 지금 어떻게 관리하며 살고 있는가?

받으소서, 주님!
저의 모든 자유와 저의 기억과 지성
저의 모든 의지와 제가 가진 모든 것을 받아주소서.
당신께서 이 모든 것을 제게 주셨으니
모두 당신께 돌려드립니다.
모두가 당신 것이오니, 당신 뜻대로 처리하소서.
그리고 제게는 당신의 사랑과 은총을 주소서.
그것으로 저는 족하나이다. 아멘.
_로욜라의 성 이냐시오

재물은 애덕 실천에 쓰라고 주어진 것이다

우리는 저마다 하느님께서 베푸신 은총에 따라 서로 다른 은사를 가지고 있습니다. 그것이 예언이면 믿음에 맞게 예언하고, 봉사면 봉사하는 데에 써야 합니다. 그리고 가르치는 사람이면 가르치는 일에, 권면하는 사람이면 권면하는 일에 힘쓰고, 나누어 주는 사람이면 순수한 마음으로, 지도하는 사람이면 열성으로, 자비를 베푸는 사람이면 기쁜 마음으로 해야 합니다.

로마 12,6-8

일반적으로 '은사'라고 하면 심령기도(방언)의 은사, 예언의 은사, 치유의 은사와 같은 초자연적인 것들을 먼저 떠올리는 사람이 많다. 그런데 바오로가 언급한 은사들을 보면 초자연적인 은사는 예언의 은사 하나뿐이다. 나머지는 모두 자연적인 은사다. 바오로가 특별히 강조한 봉사, 나눔, 자비의 은사는 '애덕의 은사'로 묶을 수 있겠다. 애덕의 은사는 주로 재물을 통해 구현된다. 재물 자체는 은사가 아니지만, 재물의 나눔을 통해 은사가 실현된다.

재물이 많은 것을 하느님 축복의 상징으로 여기는 경우가 있는데, 이는 잘못된 생각이다. 가진 재물의 양과 하느님의 축복이 비례한다면, 예수님은 왜 머리 기댈 곳조차 없이 마태 8,20 참조 가난하게 사셨겠는가? 바오로 사도는 왜 밤낮으로 일하며 1테살 2,9 참조 그렇게 고생을 했을까? 하느님의 아들로서 예수님만큼 축복받은 이가 어디 있으며, 이방인의 사도로 불림을 받은 바오로만큼 축복받은 사람이 어디 있단 말인가? 재물이 많은 것이 하느님의 축복이 되려면, 그 재물이 애덕 실천에 사용되어야 한다.

로마 12,6-8에 언급된 자비의 은사와 관련해서 교회는 전통적으로 일곱 가지 자비 행위를 말한다. 굶주린 이에게 먹을 것을 주는 것, 목마른 이에게 마실 것을 주는 것, 벌거벗은 이를 입혀주는 것, 집 없는 이에게 거처를 제공하는 것, 병자를 방문하는 것, 갇힌 이에게 자유를 주는 것 그리고 죽은 이를 묻어주는 것이다. 바로 이 일곱 가지를 실천하기 위해서는 재물이 필요하기에, 하느님께서 우리에게 재물을 주신 것이다.

하느님께서는 … 넘치게 주실 수 있습니다. 그리하여 여러분은 언제나 모든 면에서 모든 것을 넉넉히 가져 온갖 선행을 넘치도록 할 수 있게 됩니다.

2코린 9,8

하느님께 받은 것으로 자선을 베푼 사람들

미국의 대부호 록펠러J. D. Rockefeller는 록펠러재단을 설립하여 가난한 이들과 교회, 문화, 예술 활동의 증진을 위해 애썼다. 그가 평생 기부한 돈은 칠억 오천만 달러로 우리 돈으로 계산하면 구천억 원쯤 된다. 예수님이 사셨을 때부터 이천 년 동안 날마다 한 사람에게 무려 백이십삼만 원씩 나누어 줄 수 있는 액수다.

록펠러가 처음부터 자기 재산을 사회에 환원할 생각이 있었던 것은 아니다. 그는 사십 대에 이미 미국에서 가장 큰 회사를 소유하고 있었고 오십 대에 세계 최대의 부호로 등극했지만, 그의 삶은 행복하지 않았다. 그가 쉰세 살이었을 때도 사업이 번창하여 하루에 백만 달러 이상을 벌어들이고 있었지만, 그는 머리카락과 눈썹이 빠지고 몸이 점점 말라가는 병에 걸렸다. 병으로 말미암아 제대로 먹을 수가 없어서 크래커와 우유로 겨우 연명했고, 잠도 충분히 잘 수 없는 증세로 늘 피로를 느꼈다.

어느 날 밤, 그날도 그는 잠을 이루지 못해 괴로워하다가 순간 침대에서 벌떡 일어나 이렇게 외쳤다. "내가 죽으면 이 많은 돈은 누구 것이 될 것인가? 돈은 아무것도 아니다. 하느님만이 전부이시다." 그러고는 무릎을 꿇고 기도하기 시작했다. 기도하는 중에 그는, 돈은 버는 것보다 쓰는 것이 더 중요하다는 사실을 깨닫는다.

다음 날부터 록펠러는 그동안 해왔던 형식적인 신앙생활에서 벗어나 참된 신앙생활을 시작했다. 록펠러재단을 만들어 가난한 사람들을 돕는 사업을 시작했고, 베푸는 삶을 살아가면서 점차 자신 안에도 생명의 기운이 스며드는 것을 느끼기 시작했다. 힘써 번 돈을 좋은 일에 쓰면서 삶의 보람을 느꼈고, 잃었던 식욕도 되찾게 되었다. 의사들은 그가 쉰다섯을 넘기지 못할 것이라고 했지만, 그는 아흔여덟 살까지 건강하게 살았다.

수년 전 미국 서부 지역의 많은 농장에서 일하는 멕시코인 노동자들은 수확 때가 되면 이 농장에서 저 농장으로 떠돌며 일용직으로 일했다. 그들은 주로 임시 막사를 잠자리로 사용했는데, 그 또한 여의찮을 때는 폐차나 텐트 또는 허름한 오두막에서 잠을 청하곤 했다. 미국 주정부가 그들을 위해 마련해 준 것은 쓰레기통과 간이화장실이 전부였다. 그들은 전기를 사용할 수도 없었고, 목욕은 강물이나 개울에서 해결했다. 농장주들은 대부분 그저 돈 버는 데만 혈안이 되어 노동자들의 복지에는 관심이 없었다.

그런데 브로에체Ralph and Cheryl Broetje 부부는 달랐다. 그들은 당시 미국에서 가장 규모가 큰 사과 농장을 운영하면서 노동자들을 위해 대규모 주택단지를 마련하여 그 안에 노동자들이 지낼 독립 가옥과 아파트는 물론이고 학교와 탁아소, 교회, 체육관 등을 지었다. 그뿐 아니라 노동자들을 위한 우체국, 세탁소, 가스 충전소 등 각종 편의시설도 마련했다.

그것은 모두 브로에체 부부의 사유재산으로 이루어졌다. 노동자들에게 제공된 집은 사용료가 저렴했으며, 다음의 세 가지 사항을 준수해야 한다는 조건이 따라붙었다. 술은 집에서만 마시기, 쓰레기는 정해진 장소에 버리기, 이웃과 다투지 않기. 이러한 조건 덕분에 노동자들의 주거환경은 언제나 깨끗하고 평온했다.

Broetje Family Trust

어린이들과 즐거운 한때를 보내고 있는 브로에체 부부

브로에체 부부는 노동자들의 안정된 수입을 보장하기 위해, 사과 수확 철이 아닌 시기에도 그들을 모두 임부로 고용해 삯을 지불했다. 이들 부부야말로 그리스도인다운 나눔을 실천한다는 것이 무엇인지 잘 보여주는 사례라고 할 수 있겠다.

우리나라에도 외국인 노동자들이 많은데, 우리도 그들을 우리나라 발전의 한 축을 담당하는 협력자들로서 존중하고 그들의 인권과 삶의 질을 개선하기 위해 노력해야 한다. 실제로 많은 수도회와 종교 단체에서 외국인 노동자들을 위한 사도직을 수행하고 있는데, 브로에체 부부의 사례가 좋은 본보기가 될 수 있을 것이다.

애덕 실천과 테레사 효과

하버드대학교 의과대학의 한 연구팀에서 사랑과 친절이 우리 몸에 어떤 영향을 주는지에 대해 실험했다. 대상 학생들에게 마더 테레사가 가난한 이들에게 봉사하는 모습이 담긴 영상을 한 시간 시청하게 한 뒤에 학생들의 침을 채취해 성분을 분석해 보니 병원균을 퇴치하는 글로불린A라는 면역성분 수치가 급격히 올라가 있었다. 몇 시간이 지나 다시 침을 채취해서 분석했는데 여전히 그 수치가 높았다.

연구 대상이 된 학생들은 단지 마더 테레사가 봉사 활동을 하는 모습과 그녀의 미소 가득한 얼굴을 본 것뿐이었다. 하지만 그들이 영화를 통해 수녀님의 헌신적인 섬김의 삶을 보면서 느낀 긍정적인 감정이 그들의 신체 건강에도 실제로 좋은 영향을 미친 것이다. 그 연구를 계기로, 이타적인 행동을 보기만 해도 면역력이 증진되는 현상을 '테레사 효과'라고 부르게 되었다.

테레사 효과가 건강 증진뿐 아니라 더 나아가 선행으로 이어진다는 사실을 알려주는 감동적인 이야기 하나를 소개한다.

> 한 신부님이 달동네에서 봉사하시는 수녀님을 택시로 모셔다 드리고 다시 그 택시를 타고 돌아오는 길이었다. 그런데 그 택시 기사가 뜬금없이 "오늘은 신부님이 함께 타셔서 돈이 생겼네요" 하는 것이었다. "네? 그게 무슨 말씀이죠?" 하고 묻자, 그 기사는 "저는 신부님들한테는 요금을 정확히 받지만 수녀님들한테는 받지 않습니다"라고 대답했다. "왜 수녀님들한테는 요금을 받지 않으세요?" 하고 묻자, 그는 거기에 얽힌 사연을 풀어내기 시작했다.
>
> 그는 언젠가 우연한 기회에 어느 산동네를 방문한 적이 있었는데, 그곳에서 늙고 병든 환자들에게 음식을 떠먹이고 지독한 냄새가 나는 몸을 씻겨주는 수녀님들을 보고 큰 충격을 받았다고 했다. 자신은 단 몇 분도 참기 힘든 역겨운 냄새를 마다하지 않고 그들을 돕고 있는 수녀님들을 만나

고 난 다음부터 자신이 택시 기사를 하는 동안에는 절대로 수녀님들한테는 요금을 받지 않겠다고 결심했다는 것이다. 그 뒤로 지금까지 날마다 아침 첫 손님에게 받은 요금은 그 액수가 얼마든 상관없이 가난하고 소외된 사람들에게 보내고 있다고 했다. 그러면서 이렇게 덧붙였다. "신부님, 솔직히 말씀드려서 제가 그들을 돕는 것이 아니라 오히려 제가 이 일로 큰 도움을 받고 있습니다. 이 일을 하기로 작정하고부터 삶의 의미를 찾았거든요. 그전에는 하루하루가 짜증스럽고 피곤하기만 했는데, 요즘은 보람도 있고 건강도 좋아져서 쉬는 날에도 장애인들을 위한 차량 봉사를 나간답니다."[39]

재물로만 애덕을 실천할 수 있는 것은 아니다

이웃을 사랑하는 마음만 있다면, 재물이 없다고 해도 애덕 실천을 할 수 있는 기회가 생기기 마련이다.

한 가난한 여인이 남편을 잃고 딸과 함께 살고 있었다. 딸은 이미 장성했지만 아직 직장을 구하지 못한 상태였고, 그녀 또한 마땅한 직업을 가질 수 없는 상황이었기에, 어쩔 수 없이 갖고 있는 물건들을 하나둘씩 팔아 생계를 이어갔다. 그러다가 남편 집안에서 대대로 내려온 집안 가보였기에 마지막까지 소중히 간직했던, 사파이어가 박힌 금목걸이마저 팔지 않으면 안 될 지경이 되었다.

여인은 딸에게 목걸이를 주며 보석 가게에 다녀오라고 했다. 딸이 보석상에게 목걸이를 내밀자, 보석상은 그것을 정밀히 감정하더니 왜 그것을 팔려고 하는지 물었다. 딸이 어려운 가정 형편을 이야기하자, 보석상은 지금은 금값이 많이 떨어졌으니 팔지 말고 나중에 팔면 더 좋은 값을 받을 거라면서, 자기가 얼마간 돈을 빌려줄 테니 당분간 그 돈으로 생활하라고 했다. 그리고 원하다면 다음 날부터 보석 가게에 출근해 자기 일을 도와달라고 했다.

그리하여 딸은 그다음 날부터 보석 가게에서 일하게 되었다. 그녀에게 맡겨진 임무는 보석 감정을 돕는 일이었는데, 뜻밖에도 그 일이 적성에 잘 맞았기에 빠르게 일을 익힐 수 있었고 얼마 지나지 않아 딸은 훌륭한 보석 감정사가 되었다. 그녀의 실력과 정직함이 입소문을 타게 되었고, 주변 사람들은 보석 감정이 필요할 때마다 그녀를 찾았다. 그 모습을 지켜보는 보석상의 얼굴에도 늘 흐뭇한 미소가 떠나지 않았다.

세월이 흘러 어느 날 보석상이 그녀에게 말했다. "알다시피 지금 금값이 많이 올랐으니 어머니께 말씀드려서 그 금목걸이를 가져와라. 지금이 적기니까." 그녀는 어머니에게 목걸이를 달라고 해서 자신이 직접 그것을 감정했다. 그런데 놀랍게도 그 금목걸이는 도금에 불과했고, 목걸이에 박힌 사파이어에도 미세하게 균열이 있는 상태라서 전혀 값을 받을 수 없는 상태였다.

이튿날 그녀가 맨손으로 출근하자 보석상이 왜 목걸이를 가져오지 않았느냐고 물었다. 그녀는 "가져올 필요가 없었어요. 감정해 보니 싸구려 목걸이라는 걸 금방 알 수 있었거든요"라고 대답하며, 그 목걸이의 품질을 처음부터 알았을 텐데 왜 말해주지 않았느냐고 보석상에게 묻자, 보석상이 빙그레 웃으며 말했다. "내가 그때 진실을 말해줬다면 넌 내 말을 믿지 않았을 걸? 아마 믿고 싶지 않았을 거다. 물론 그때 내가 사실을 밝히고 또 너의 어려운 상황을 생각해서 낮은 가격으로나마 그것을 사줄 수도 있었겠지만, 난 너를 실망시키고 싶지 않았단다. 내가 그때 진실을 말해주었어도 너에겐 별 도움이 되지 않았을 거야. 어쨌든 지금 너는 보석에 대한 지식을 얻었고, 나는 네 신뢰를 얻었으니 잘된 일 아니겠니?"

참으로 선하고 지혜로운 보석상이 아닌가! 보석상이 발휘했던 지혜는, 단지 그의 머리에서 나온 것이 아니다. 그러한 지혜는 평상시에도 이웃을 사랑하며 어려운 이들을 기꺼이 도우려는 마음을 지니지 않은 사람은 갖추기 어려운 덕목인 것이다. 평소에 이른바 '위로의 사도직'을 수행했었기에 '위로의 아들'이라 불렸던 바르나바도 그 보석상과 결이 비슷한 사도였다고 할 수 있겠다.

프란치스코 교종이 한국을 방문하셨을 때 서강대학교에 있는 예수회 공동체에 들르신 적이 있었는데, 그때 그 자리에 모인 한국 관구 예수회원들을 축복해 주시면서 이렇게 당부하셨다. “하느님의 백성을 위로해 주십시오.”

위로하여라,

위로하여라, 나의 백성을.

— 너희의 하느님께서 말씀하신다. —

이사 40,1

악령과 그들의 간계를 잘 식별하시오
그들은 지독한 놈들이지만
힘은 보잘것없습니다
그러니 그들을 두려워하지 말고
언제나 그리스도를 호흡하며
그분을 신뢰하시오

- 사막의 안토니오

✳

• 4장 •

감옥에 갇힌 열두 사도

1

체포된 열두 사도

주님을 믿는 남녀 신자들의 무리가 더욱더 늘어났다. 그리하여 사람들은 병자들을 한길까지 데려다가 침상이나 들것에 눕혀놓고, 베드로가 지나갈 때에 그의 그림자만이라도 누구에겐가 드리워지기를 바랐다. … 그러자 대사제가 자기의 모든 동조자 곧 사두가이파와 함께 나섰다. 그들은 시기심에 가득 차 사도들을 붙잡아다가 공영 감옥에 가두었다. 사도 5,14-18

대사제와 사두가이들의 시기와 두려움

사도행전 본문은 대사제와 사두가이들이 시기심에 가득 찼다고 전하는데, 사실 그들이 사도들을 시기했다기보다 사도들이 증언하는 예수님을 시기했다고 보는 것이 옳다. 바로 자신들이 처형한 예수님의 이름으로 복음을 선포하고 치유 기적을 행하는 사도들의 활약으로 말미암아, 이스라엘에서 최고의 지위를 누리던 그들의 체면은 형편없이 구겨져 버렸다. 그들은 이제 예수라는 이름만 들어도 치가 떨렸고, 입만 열면 예수님의 이름을 말하는 사도들이 너무 미웠을 것이다. 그들은 또한 자기들이 사도들을 붙잡아 신문하면서 했던 말에서도 알 수 있듯이, 예수님을 주님으로 고백하는 이들이 혹시라도 자기들에게 예수님을 무고하게 죽인 살인자의 누명을 씌울지도 모른다는 두려움마저 느끼고 있었다.

> 우리가 당신들에게 그 이름으로 가르치지 말라고 단단히 지시하지 않았소? 그런데 보시오, 당신들은 온 예루살렘에 당신들의 가르침을 퍼뜨리면서, 그 사람의 피에 대한 책임을 우리에게 씌우려 하고 있소. 사도 5,28

공영 감옥의 의미와 하느님의 응답

대사제와 사두가이들은 사도들을 '공영 감옥'에 가두었다. 사도행전에서 '감옥'이라는 단어는 자주 등장하지만 '공영 감옥'이라는 표현은 여기에만 쓰였다. 공영 감옥은 단순히 나라에서 운영하는 감옥을 가리키는 것이 아니라, 사람들이 오가며 누가 갇혀있는지 훤히 들여다볼 수 있게 지어진 감옥을 가리킨다. 공영 감옥의 기능은 누가 감옥에 갇혔는지를 모든 사람이 볼 수 있게 하는 것이었다. 사람들로 하여금 사도들이 공영 감옥에 갇혀있는 것을 보면서, 그들이 전한 복음은 잘못된 것이라고 여기게 하려는 최고 의회의 속셈이 담긴 처사였다.[1]

하지만 이러한 시도는 역효과를 낳는다. 하느님께서 이번에는 직접 천사를 보내시어 공영 감옥에 갇혀있던 사도들을 빼내셨고, 그들이 다시 복음을 선포하게 하심으로써 그들이 전하고 있는 복음이 참된 것임을 증명하신다.

> 주님의 천사가 밤에 감옥 문을 열고 사도들을 데리고 나와 말하였다. "가거라. 성전에 서서 이 생명의 말씀을 모두 백성에게 전하여라." 그 말을 듣고 사도들은 이른 아침에 성전으로 들어가 가르쳤다. 5,19-21

풀려난 사도들

일반적으로 갇혀있던 사람이 풀려난다는 것은 고난에서 벗어나 자유를 얻는 일이다. 그러나 사도들의 경우는 조금 다르다. 그들은 예수님의 이름으로 복음을 선포하다가 다시 감옥에 끌려가게 하려고 빼내어진 것이다. 천사는 사도들을 감옥에서 빼내면서 다시 붙잡히지 않도록 멀리 숨으라고 한 것이 아니라, 성전에 가서 생명의 말씀을 백성에게 전하라고 한다. 세상의 기준으로 보면 무모해 보일 수도 있다. 복음 선포 행위가 공권력에 의해 금지된 마당에, 바로 그 중심지인 성전에 다시 가서 복음을 전하라고 명령했으니 말이다.

우리는 이 부분에서 그리스도교가 결코 세상의 복락, 곧 육신의 건강이나 물질의 풍요를 약속하는 종교가 아님을 분명히 알 수 있다. 어쩌면 아직도 많은 그리스도인은, 하느님이 사랑이시므로 우리가 병이 들거나 재난을 당하는 일이 없도록 해주셔야 한다고 생각할지도 모른다. 그러나 그러한 믿음은 비현실적일 뿐 아니라, 그리스도교 신앙의 본질과도 거리가 있다.

한편 대사제와 그의 동조자들은 모여와서 최고 의회 곧 이스라엘 자손들의 모든 원로단을 소집하고, 감옥으로 사람을 보내어 사도들을 데려오게 하였다. 경비병들이 감옥에 이르러 보니 사도들이 없으므로 되돌아가 보고하였다. … 성전 경비대장이 경비병들과 함께 가서 사도들을 데리고 왔다. 그러나 백성에게 돌을 맞을까 두려워 폭력을 쓰지는 않았다. 사도 5,21-22.26

당황하는 최고 의회

간밤에 있었던 일을 전혀 모르고 있던 대사제와 그의 동조자들은 아침이 되자 최고 의회를 소집하는 한편, 감옥으로 사람을 보내어 사도들을 데리고 오게 한다. 화려하게 차려입은 대사제와 최고 의회 의원들이 의기양양하게 사도들을 기다리고 있다가, 성전 경비병들이 와서 사도들이 감옥에서 사라졌다고 했을 때 그들은 몹시 당황했을 것이다. 이어서 사도들이 다시 성전에서 복음을 선포하고 있다는 사실을 보고받은 대사제는 경악했을 것이다. 체면도 체면이지만, 사도들이 다른 곳도 아닌 성전에서 다시 복음을 선포하고 있는 상황 자체가 마치 대사제의 권위에 정면으로 도전하는 행위로 다가왔을지도 모른다.

성경 본문은 성전 경비대장이 경비병들과 함께 성전에 가서 사도들을 '데려왔다'고 전한다. 마음 같아서는 감옥에서 탈출한 사도들을 난폭하게 끌고 가고 싶었을지도 모르지만, 그럴 수가 없었을 것이다. 백성이 사도들을 둘러싸고 있었기에, 그랬다가는 백성들이 오히려 자기들을 저지하러 달려들지도 모르기 때문이었다.

2

최고 의회의 신문과 사도들의 증언

그들이 사도들을 데려다가 최고 의회에 세워놓자 대사제가 신문하였다. "우리가 당신들에게 그 이름으로 가르치지 말라고 단단히 지시하지 않았소? 그런데 보시오, 당신들은 온 예루살렘에 당신들의 가르침을 퍼뜨리면서, 그 사람의 피에 대한 책임을 우리에게 씌우려 하고 있소." 그러자 베드로와 사도들이 대답하였다. "우리는 사람들보다 하느님에게 반드시 순종해야만 합니다." 사도 5,27-29_필자 직역

대사제는 사도들이 어떻게 감옥에서 탈출했는지 무척 궁금했겠지만, 그에 관해서는 한마디도 묻지 않는다. 사도들이 탈출하게 된 경위를 확인하게 되면, 예수님을 메시아로 인정하지 않는 자기들에게 득이 되지 않으리라는 것을 알기 때문이었다. 그래서 그들

은 사도들에게 왜 최고 의회의 명령에 순종하지 않았는지에 대해서만 추궁한다 또한 그 사람의 피에 대한 책임을 자기들에게 씌우려 하고 있다고 한 말에는, 최고 의회가 사도들을 경계하는 가장 결정적인 이유가 드러난다. 백성들의 지지를 받고 있던 사도들이 그동안 여러 차례에 걸쳐 예수님의 죽음에 대한 책임이 최고 의회에 있음을 지적했기 때문이다.

앞서 베드로가 대사제로부터 침묵하라는 명령을 받았을 때 "하느님의 말씀을 듣는 것보다 여러분의 말을 듣는 것이 하느님 앞에 옳은 일인지 여러분 스스로 판단하십시오"4,19라고 답했던 것과 비교하면, 지금의 말투는 더 간결하고 매우 단호하다. 그는 '반드시 ~ 해야 한다'라는 의미의 데이δεῖ 동사를 써서 아주 직설적으로 분명하게 대답한다.

우리는 사람들보다 하느님에게 반드시 순종해야만 합니다. 5,29_필자 직역

사도들이 이렇게 담대하게 말할 수 있었던 것은, 주님께서 천사를 보내시어 공영 감옥에 갇혀있던 그들을 풀어주실 때 하셨던 말씀에서 용기를 얻었기 때문이 아닐까?

가거라. 성전에 서서 이 생명의 말씀을 모두 백성에게 전하여라. 5,20

스기하라 치우네杉原千畝는 일본 사무라이 집안에서 태어나 바오로란 본명으로 세례를 받았다. 1939년에 그는 리투아니아의 총영사가 되었는데, 일 년 뒤인 1940년 7월에 인생의 전환점을 맞게 된다. 독일 나치의 추격을 피해서 리투아니아로 피신한 유다인들과 본래 리투아니아에 살고 있던 유다인들이 유럽을 탈출하기 위해 그가 책임자로 있던 영사관으로 몰려들었던 것이다. 그들이 일본 비자를 받아서 망명하길 원했기에, 스기하라는 유다인들에게 일본 비자를 발급해 줄 수 있는 권한을 일본 외무성에 세 번이나 청했지만 번번이 거절당했다. 일본 정부 측에서도 당시 자국의 동맹국이었던 독일의 정책에 반하는 일을 쉽게 허락할 수 없었을 것이다.

상황이 급박해지자 스기하라는 '우리는 사람들보다 하느님께 반드시 순종해야만 합니다'라는 성경 말씀에 힘을 얻어 결단을 내린다. 주군에게 충성했던 사무라이 집안 출신답게 진정한 주군인 그리스도 예수님을 위해서 자신의 목숨을 내어놓기로 결단하고, 유다인들에게 비자를 발급하기 시작했다. 그는 아내와 함께 밥 먹는 시간까지 아껴가면서 하루에 스무 시간 가까이 비자를 발급하는 일에 매달렸다. 그로 말미암아 나중에 그는 총영사 자리에서 해고되었지만, 스기하라의 도움으로 일본 비자를 받은 유다인들의 숫자는 무려 육천 명이 넘었다. 덕분에 그들은 시베리아를 횡단하여 블라디보스토크를 거쳐 일본의 고베 또는 중국의 상하이에 있던 유다인 공동체로 피신할 수 있었다.

훗날 국제사회는 그를 '열방의 의인'으로 기렸고, 리투아니아에서는 그의 의로운 행위를 기념하여 스기하라 기념관을 세웠다. 예루살렘에는 심지어 그의 이름을 붙인 광장과 거리가 있다. 위험을 무릅쓰고 주님의 제자로서 해야 할 바를 행함으로써 많은 유다인의 생명을 구했던 그를 기억하고 기념하는 일은 당연하다 하겠다.

> 우리 조상들의 하느님께서는 여러분이 나무에 매달아 죽인 예수님을 다시 일으키셨습니다. 그리고 하느님께서는 그분을 영도자와 구원자로 삼아 당신의 오른쪽에 들어 올리시어, 이스라엘이 회개하고 죄를 용서받게 하셨습니다. 하느님께서 당신께 순종하는 이들에게 주신 성령도 증인이십니다.
>
> 사도 5,30-32

지금까지 우리는 베드로 사도가 세 차례에 걸쳐 행한 복음 선포에 관해 살펴보았다. 첫 번째는 오순절 성령강림 때 이루어졌고 2,22-36 참조, 두 번째 복음 선포는 태생 불구자를 고쳐준 뒤에 했으며 3,13-26 참조, 세 번째 복음 선포는 요한과 함께 유다 최고 의회 앞에서 한 것이다. 4,8-12 참조 베드로의 네 번째 복음 선포는 또 한 번 유다 최고 의회 앞에서 행해진다. 앞선 세 차례의 복음 선포와 비교했을 때, 상대적으로 그 내용은 짧지만 신앙의 핵심 요소들이 간결하고 명료하게 포함되어 있다. 그것을 요약해 보면 다음과 같다.

① 예수님의 수난과 부활에 대한 선언

"우리 조상들의 하느님께서는 여러분이 나무에 매달아 죽인 예수님을 다시 일으키셨습니다." 사도 5,30

② 예수님의 승천에 대한 선언과 예수님이 영도자요 구원자라는 선언

"하느님께서는 그분을 영도자와 구원자로 삼아 당신의 오른쪽에 들어 올리시어." 5,31

③ 성령강림에 대한 선언

"하느님께서 당신께 순종하는 이들에게 주신 성령도 증인이십니다." 5,32

3

가말리엘의 중재

그들은 이 말을 듣고 격분하여 사도들을 죽이려고 하였다. 그때에 최고 의회에서 어떤 사람이 일어났다. 온 백성에게 존경을 받는 율법 교사로서 가말리엘이라는 바리사이였다. 그는 사도들을 잠깐 밖으로 내보내라고 명령한 뒤, 그들에게 말하였다. 5,33-35

자기들이 십자가에 못 박아 죽인 예수님이 부활하고 승천하시어 하느님 오른편에 앉으셨다는 베드로의 말을 듣고 격분한 대사제와 사두가이들은 사도들을 죽이려고 했는데, 그때 뜻밖의 상황이 펼쳐진다. 백성은 물론 동료 의원들에게도 크게 존경받던 라삐 가말리엘이 중재에 나선 것이다.

가말리엘 1세

1세기 유다교에는 라삐 가말리엘이 두 명 있었다. 가말리엘 1세와 가말리엘 2세인데, 사도행전에 언급된 사람은 가말리엘 1세(라반 가말리엘)로, 가말리엘 2세(요하난 벤 자카이)의 할아버지다.[2] 성경은 가말리엘 1세가 "온 백성에게 존경을 받는 율법 교사"사도 5,34라고 소개한다. 그는 라삐('나의 스승')라는 호칭보다 더 존귀한 이를 일컫는 호칭인 라반('우리의 스승')으로 불렸다.

미쉬나에 따르면 가말리엘 1세는 유다인 출신 제자 천 명과 그리스 출신 제자 천 명을 길러냈다.[3] 사실 천 명이라는 수는 실제 숫자라기보다 그만큼 따르는 이가 많았다는 상징일 것이다. 미쉬나는 가말리엘 1세가 죽었을 때 토라(율법)의 영광이 더 이상 존재하지 않게 되었고 순결과 절제도 사라졌다고 한탄한다.[4]

성경 본문은 가말리엘 1세가 유다 최고 의회 의원으로서 회의에 참석 중이었음을 언급하는데, 그 또한 역사적 가치가 있는 사실이다. 유다교 역사에서 가장 영향력 있는 라삐 가말리엘 1세의 수제자가 바로 사도 바오로다.22,3 참조[5]

여러분, 저 사람들을 어떻게 다룰 것인지 잘 생각하십시오. … 저 사람들 일에 관여하지 말고 그냥 내버려 두십시오. 저들의 그 계획이나 활동이 사람에게서 나왔으면 없어질 것입니다. 그러나 하느님에게서 나왔으면 여러분이 저들을 없애지 못할 것입니다. 자칫하면 여러분이 하느님을 대적하는 자가 될 수도 있습니다. 5,35-39

하느님의 계획인가, 사람의 계획인가?

앞 본문은 사도행전에서 비그리스도인이 한 첫 번째 연설이다.[6] 가말리엘 1세의 주장은 아주 간단명료하다. 시간이 답을 알려줄 테니 기다리자는 것이다. 만일 예수 운동이 사람에게서 비롯된 것이라면 자연스레 소멸될 것이고, 하느님에게서 온 것이라면 영원히 지속될 것이라고 말한다. 예수 운동이 과연 어디에서 비롯된 것인지는 알 수 없으니 추이를 지켜보다가 입장을 결정하자는 뜻이다. 그러면서 가말리엘은 당시 세인들의 관심을 끌었던 두 가지 메시아 운동을 예로 든다.

얼마 전에 테우다스가 나서서, 자기가 무엇이나 되는 것처럼 말하였을 때에 사백 명가량이나 되는 사람이 그를 따랐습니다. 그러나 그가 살해되자 그의 추종자들이 모두 흩어져 끝장이 났습니다. 그 뒤 호적 등록을 할 때에 갈릴래아 사람 유다가 나서서 백성을 선동하여 자기를 따르게 하였습니다. 그러나 그가 죽게 되자 그의 추종자들이 모두 흩어져 버렸습니다. 5,36-37

루카가 가말리엘의 연설을 재구성해서 전달한 것은 90년경이다. 테우다스와 유다의 사건은 아주 오래전에 있었던 일들이어서 그랬는지 루카는 두 가지 측면에서 다소 혼동한 것 같다.

첫째는 갈릴래아 사람 유다가 테우다스보다 역사적으로 먼저 존재했는데 그 순서를 바꿔 말한다. 갈릴래아 사람 유다가 총독 퀴리누스의 두 번째 인구조사[7]에 반대하며 대항했던 때는 기원후 6년에서 9년 사이다. 한편 테우다스가 유다의 정치적 독립과 종교적 자유를 외치며 로마에 대항했던 때는 기원후 44년에서 46년 사이였다.[8]

둘째는 가말리엘이 최고 의회에서 사도들을 일단 그대로 두자고 말했던 시점은 30년 또는 31년경으로 테우다스가 아직 태어나기 전이다. 이렇듯 루카는 가말리엘이 한 말을 편집하고 재구성하는 과정에서 약간의 오류를 범했지만, 그렇다고 해서 가말리엘의 연설 내용이 담고 있는 역사적 가치가 부정되는 것은 아니다.

가말리엘의 방관적 태도

요한 크리소스토모는 가말리엘의 중재로 사도들이 죽임을 당하지 않았기에, 가말리엘에게 감사하는 마음을 가져야 한다고 했다. 또한 가말리엘이 최고 의회에서 했던 연설은 비그리스도인이 한 첫 번째 복음 선포라고 하면서 가말리엘을 칭송한다.[9]

하지만 가말리엘의 연설을 복음 선포로 규정하는 것은 논란의 여지가 있다. 왜냐하면 가말리엘의 연설에는 초대교회의 케리그마의 핵심 내용들, 곧 그리스도 예수님의 십자가와 부활 사건 그리고 예수님이 주님이요 메시아라는 내용이 포함되어 있지 않기 때문이다.

실제로 대다수의 성서학자는 가말리엘의 중재를 부정적으로 해석한다.[10] 충분히 영향력을 행사할 수 있는 위치에 있었던 그가 책임을 다하지 않고 방관적인 태도를 취했다고 보기 때문이다. 그는 감옥문이 완전히 잠겨 있는데도 사도들이 감옥 안에 없었다는 사실과 사도들이 다시 붙잡힐 것을 뻔히 알면서도 성전에서 다시 복음을 선포하고 있었음을 알았기에, 예수 운동이 하느님의 뜻임을 인정했어야 했다.[11] 그뿐 아니라 자기 동료들에게도 예수 운동에 관해 면밀히 조사할 것을 다음과 같이 권고했어야 했다.

> 이 사람들은 목숨을 걸고 증언하고 있습니다. 이들이 증거하는 예수가 정말 메시아일 가능성을 진지하게 고민해 보아야 합니다. 단순히 이들을 박해하고 침묵시킬 것이 아니라, 그들의 가르침이 참된 것인지 알아보고, 예수가 정말 죽은 자들 가운데서 살아났다면 우리가 잘못했음을 인정해야 합니다. 바로 우리가 하느님의 아들을 죽인 셈이기 때문입니다. 그리고 그분의 죽음은 우리를 대신한 것이기에, 우리도 그들의 가르침을 따라야 할 것입니다.[12]

최고 의회는 유다교의 종교법과 관련한 문제가 발생하면 정확하게 조사하고 판단할 의무가 있었다. 그런데 가말리엘은 마치 자신은 예수 운동에 관해 조사하고 판단해야 할 책임이 없다는 투로 말하고 있다. 그가 '만일 ~ 하면'이라는 표현을 거듭 사용하고 있음을 봐도 알 수 있다.

만일 저들의 그 계획이나 활동이 사람에게서 나왔으면 … 하느님에게서 나왔다면 사도 5,39_필자 직역

하느님으로부터 충분히 진리를 식별할 수 있는 판단력과 지력을 받았으면서도, 방관적인 태도로 일관했던 가말리엘의 모습은 최고 의회의 동료의원인 아리마태아 사람 요셉의 모습과 대조된다. 예수님이 최고 의회에서 사형선고를 받으실 때 가말리엘과 요셉은 분명 한자리에 있었을 것이다. 요셉은 최고 의회가 예수님에게 신성모독죄를 적용하여 사형선고까지 내린 그 결정에 도저히 동의할 수 없었다.

요셉이라는 사람이 있었는데, 그는 의회 의원이며 착하고 의로운 이였다. 이 사람은 의회의 결정과 처사에 동의하지 않았다. 그는 유다인들의 고을 아리마태아 출신으로서 하느님의 나라를 기다리고 있었다. 루카 23,50-51

십자가에서 처형된 시신은 매장하지 않고 방치하거나 어딘가에 던져버리는 것이 당시 관행이었지만, 요셉은 빌라도에게 특별히 부탁하여 예수님 시신을 무덤에 모신다.23,52-53 참조

한 가지 더 짚고 넘어가자면, 가말리엘은 오십 년경에 세상을 떠났는데 최고 의회가 사도들을 붙잡아 들였던 시기를 대략 삼십 년경으로 본다면 가말리엘은 최고 의회에서 그 연설을 한 뒤 이십 년 뒤에 죽은 것이다. 만일 그가 그리스도교 신앙의 진리에 열려있었다면, 그 연설을 한 후에도 이십 년 동안 꾸준히 성장해 나가는 그리스도교를 보면서 예수 운동의 기원이 하느님임을 인정했어야 했다. 그러나 그랬다는 기록은 없다.

'생각하는 대로 사는 삶'과 '사는 대로 생각하는 삶'

그대가 용기를 내어
생각하는 대로 살지 않으면
머지않아 그대는
사는 대로 생각하게 되리라.
_폴 발레리

자신의 신념대로 살지 않으면 어느새 현실에 안주하고 타협하기 마련이라는 시인 발레리의 말을 깊이 새길 필요가 있다.

삶의 뚜렷한 원칙이나 목표 없이 그냥저냥 하루하루를 살아가는 사람이 적지 않다. 설령 삶의 방향과 목표를 세웠다 해도, 용기와 신념을 가지고 그것을 실현하려 애쓰기보다는 세상의 흐름에 적당히 휩쓸려 살기가 더 쉽기 때문이다.

과연 가말리엘은 남은 생애를 어떻게 살았을까? 그는 사도들이 주축이 되었던 예수 운동이 정말 하느님께서 시작하신 것인지 지켜보겠다는 유보적인 태도를 취하다가, 결국 별다른 결단 없이 세월만 보내다 세상을 떠났을 것이다. 그 후 그의 영혼이 천국에 갔을지 또는 셰올(지하세계)로 갔을지는 알 수 없다.[13]

지금 우리는 과연 어떤 모습으로 살고 있는지 진지하게 성찰해봐야 하지 않을까?

4

기쁘게 받아들인 박해

최고 의회는 가말리엘의 말을 들었음에도 사도들을 순순히 풀어주지 않고, 사도들을 매질한 뒤 예수님의 이름으로 말하지 말라는 지시까지 한 다음에야 석방한다. 최고 의회가 가말리엘의 충고를 진지하게 받아들였다면 적어도 사도들에게 '침묵'하라는 명령만큼은 내리지 말았어야 했다. 사도들의 복음 선포가 하느님에게서 나온 것이라면, 침묵하라는 지시는 하느님의 뜻에 정면으로 배치되는 행위이기 때문이다.

그들은 가말리엘의 말을 듣고, 사도들을 불러들여 매질한 다음 예수님의 이름으로 말하지 말라고 지시하고서는 놓아주었다. 사도들은 예수님의 이름을 위해서 모욕을 당할 만한 자격이 있게 된 것을 기뻐하면서 최고 의회 앞에서 물러나왔다. 사도 5,39-41_필자 직역

제자의 자격을 갖춤을 기뻐함

사도들이 매질을 당한 것은 이번이 처음이다. 그전에 베드로와 요한 사도가 감옥에 갇힌 적은 있지만 매질을 당하지는 않았다. 그런데 이번에는 열두 사도가 모두 매질을 당한 것으로 보인다.[14] 당시의 율법에 따르면 유다 종교법에 반하는 행위를 한 사람에게는 마흔 번을 넘지 않는 채찍질을 하도록 규정되어 있었다.신명 25,1-3 참조 사도 바오로도 유다교의 정통을 벗어나 이단을 퍼뜨린다는 죄목으로 유다교 회당에서 서른아홉 대의 매를 다섯 번이나 맞았다.2코린 11,24 참조

사람이 그 정도로 매를 맞게 되면, 온몸은 갈기갈기 찢어지고 벌어진 상처에서는 계속해서 피가 흘러내릴 것이다. 그런데 사도들은 매질로 말미암아 엄청난 고통과 참혹한 상처를 입었으면서도, 자신들이 하늘나라의 복음 선포에 합당한 자가 되었다는 사실을 오히려 영광으로 여긴다.

사도행전을 읽다 보면 사도들이 주님을 위해 묵묵히 박해를 견뎌내는 담대한 모습에 절로 용기가 난다. 의사 출신 목회자 마틴 로이드 존스Martyn Lloyd-Jones도 이렇게 권한다.

지친 당신에게 강장제가 필요하다면, 사도행전을 읽어라.

열두 사도가 당했던 체포, 구금, 신문, 매질 등의 고난은 그 시대 사람들이 가장 힘겨워했던 수치, 모욕, 불명예로 이어졌기에, 당시 사람들 가운데는 공개적으로 수치를 당하게 되면 절망에 빠져 심지어 스스로 목숨을 끊는 이들이 생기곤 했다.

반면 사도들은 세상에서 살고 있었지만, 세상에 속한 이들이 아니었다. 그들은 가난했고 멸시를 받으면서도, 겸손한 예수님을 주님으로 모시고 그분의 길을 따랐다. 그들은 "행복하여라, 의로움 때문에 박해를 받는 사람들! 하늘나라가 그들의 것이다"마태 5,10 라는 주님의 선언을 굳게 믿었기에, 복음 선포 여정에서 겪어야 했던 수치, 모욕, 불명예를 기꺼이 감내했다. 요한 크리소스토모도 "그리스도를 위해 마시는 쓴 잔을 통해 맛볼 수 있는 달콤함"[15]을 그리워하며, "그리스도를 위해 견디는 고난 속에는 평화와 큰 기쁨이 깃들어 있음을 기억하자. … 참으로 그리스도를 사랑하는 사람이라면, 내가 하는 말을 알아들을 것이다"[16]라고 말했다.

그리스도인들의 피는 복음의 씨앗

교회 역사 안에는 사도들의 발자취를 따라 살아간 수많은 사람이 있다. 그들은 예수님의 이름으로 모욕을 당할 기회와 자격을 인정받았음을 기뻐했다. 대표적인 예로 2세기 스미르나(현재의 튀르키예에 속하는 지역)의 주교였던 폴리카르포가 경기장에서 순교하기 직전 집정관은 폴리카르포에게 당장이라도 그리스도를 부인하고 황제의 수호신에게 맹세한다면 살려주겠다고 했지만, 폴리카르포는 그리스도께서 오랜 세월 자신에게 신실하셨기에 자신도 끝까지 그분께 충실하겠다며 거절한다.

> 여든여섯 해 동안 나는 그분을 섬겼습니다. 그분은 나에게 어떤 그릇된 행위도 하지 않으셨습니다. 그런데 내가 나를 구원하신 왕을 어떻게 모독할 수 있겠습니까? … 내가 당신의 요구대로 황제의 수호신에게 맹세할 것이라 잘못 생각하고, 내가 누구인지를 당신이 모르는 체하더라도, 나의 솔직한 고백을 들으십시오. 나는 '그리스도인'입니다.[17]

그는 장작더미에 묶인 채 화형을 당하기 전 다음과 같이 마지막 기도를 드렸다.

> 당신 앞에 살고 있는 모든 의인의 하느님이시여, 저를 이날 이 시간에 합당하다고 여기셨으니 당신을 찬미합니다. 당신께서는 제가 순교자들 가운데에 동참하고, 성령의 불멸 안에서 영혼과 육체가 영원한 삶인 부활을 위하여 당신 그리스도의 잔에 참여하게 하셨습니다.[18]

또한 순교자 유스티노와 테르툴리아누스는 이렇게 적고 있다.

우리는 목이 잘리고, 십자가에 못 박히고, 맹수들에게 던져지고, 사슬에 묶이고, 불에 던져지고, 그 밖의 온갖 고문을 당하더라도 우리의 신앙 고백을 결코 포기하지 않는다. 오히려 이런 일들이 더 많이 일어날수록, 더욱더 많은 사람들이 예수의 이름으로 신앙을 받아들이고 하느님을 예배하게 된다. 마치 열매 맺은 포도나무의 가지를 잘라내면 그 자리에 더 많은 가지가 돋아나 열매를 맺는 것처럼, 우리에게도 똑같은 일이 일어난다.[19]

우리를 괴롭히고 고문을 하며, 유죄판결을 내리고 짓밟아 보아라! … 그리스도인들이 그대들에게 잡혀갈 때마다 그리스도인들의 수는 점점 늘어난다. 그리스도인들의 피는 씨앗이다.[20]

사도행전의 저자 루카는 오순절에 창립된 교회가 순조롭고 평화롭게 성장한 것이 아니라, 박해와 시련을 겪으며 성장했음을 강조한다.

> 사도들은 그 이름으로 말미암아 모욕을 당할 수 있는 자격을 인정받았다고 기뻐하며, 최고 의회 앞에서 물러 나왔다. 사도들은 날마다 성전에서 또 이 집 저 집에서 끊임없이 가르치면서 예수님은 메시아시라고 선포하였다.
>
> 사도 5,41-42

이 본문은 사도들이 매질을 당하고 침묵 명령을 받은 바로 다음에 이어지는 부분이다. 사도들은 예수님의 이름을 위해서 모욕당하는 것을 영예롭게 여겼기에 풀려나자마자 그리고 기회가 될 때마다 그리스도 예수님을 증언하다가 결국 순교에 이른다.

영어 단어 martyr에는 '증인'과 '순교자'라는 두 가지 의미가 있다. 그리스말 마르튀스μάρτυς도 마찬가지다. 본디 마르튀스는 법정이나 공석에서 진리를 증언하는 사람, 곧 '증인'인데, 시간이 흐르면서 '순교자'란 의미가 덧붙여졌다.

베드로는 어떤 박해에도 굴하지 않고 복음을 증언하다가 로마에서 거꾸로 십자가에 매달려 순교했고, 안드레아는 에데사에서 X자형 십자가에 못 박혀 순교했으며, 야고보는 헤로데 임금에 의해 체포되어 예루살렘에서 참수형을 당했다. 마태오는 에티오피아에서 창에 찔려 순교했고, 알패오의 아들 야고보는 성전 꼭대기에서 내던져진 후 철퇴에 맞아 죽었으며, 토마스는 인도 마드라스에서 창에 찔려 순교했다. 필리포스는 히에라폴리스에서 기둥에 매달린 채 죽음을 맞았고, 바르톨로메오(나타나엘)는 아르메니아에서 산 채로 가죽이 벗겨져 죽임을 당했으며, 마티아는 예루살렘에서 돌팔매질을 당한 다음 참수형에 처해졌다. 바오로는 로마에서 참수형을 당했으며, 마르코는 이집트 알렉산드리아에서 참혹하게 수모를 당한 뒤 순교했으며, 요한 사도는 파트모스라는 섬으로 유배되어 백색 순교를 했다.

콘스탄티누스 황제 이전 시기에는 교회에 대한 박해가 끊이지 않았기에, 당시 그리스도교에 입교하려던 예비자들은 자신들을 '죽음의 후보자'로 여겼다.[1]

디트리히 본회퍼의 증언

그리스도께서는 누군가를 제자로 부르실 때, 그에게 죽음을 요구하신다.[2]

나치의 폭정에 흔들림 없는 불굴의 용기로 저항했던 천재 신학자이자 따뜻한 가슴을 지닌 사목자였던 디트리히 본회퍼는, 신학대학원 학생들에게 위와 같은 말을 들려주었고 자신이 한 말 그대로 그리스도를 위해 죽었다. 본회퍼가 처형된 플로센뷔르크 수용소에 그를 기리며 세워진 기념비에는 '그의 형제들 가운데 서있는 예수 그리스도의 증인Zeuge Jesu Christi unter seinen Brüdern'이라고 글귀가 새겨져 있다. 어떤 다른 화려한 수식어보다 그가 어떤 사람이었는지 가장 잘 드러내는 말이다.

순교 성인들의 신앙 고백

시리아 안티오키아의 주교였던 이냐시오는 2세기 초 로마에서 순교하기 전 몇 주 동안 일곱 통의 편지를 썼다. 그 가운데 다섯 통은 지역교회들 곧 에페소, 마그네시아, 트랄레스, 필라델피아, 스미르나 교회 공동체에 보낸 것이었다. 나머지 두 통 가운데 하나는 친구이자 후배인 폴리카르포 주교에게 쓴 것이고, 다른 하나는 자신이 로마에 도착할 것임을 로마 교회에 알리는 편지였다.

이 편지들은 신학적으로도 중요한 가치를 지녔기에 ‘그리스도교 문헌학의 진주’라고 불렸고, 교회 역사에도 큰 영향을 미쳤다. 그의 편지들에는 교회론, 삼위일체론, 주님의 강생과 구속 그리고 성체성사, 혼인성사에 관한 내용이 담겨있다. 특히 다섯 교회에 보낸 회람 편지에서는 그리스도 안에서 일치하고, 주교에게 순명하며, 당시 퍼지고 있던 이단을 경계하고 사도적 전통을 지킬 것을 권고하고 있다. 한편 폴리카르포에게 보낸 편지에서는, 선배 주교로서 사목자가 지녀야 할 자세와 덕목에 관해 설명하고 있다. 그리스도교 교회를 일컬어 처음으로 ‘가톨릭교회’라는 용어를 사용한 이가 바로 이냐시오였다. ‘가톨릭’은 ‘보편적인’이라는 뜻으로, 교회의 본질을 담은 표현이기도 하다.

이냐시오 성인이 로마 교회에 보낸 편지는 임박한 순교를 앞둔 그의 내면을 잘 드러내고 있다.

저는 시리아에서 로마까지 가면서 열 마리의 표범, 곧 군인들에게 묶인 채 육지에서나 바다에서나 밤이나 낮이나 그 맹수들과 싸우고 있습니다. 그 자들은 갈수록 더욱 포악해집니다. 그들의 학대 속에서 저는 점점 더 예수님의 제자가 되어갑니다. 그렇다고 해서 제가 그로 인해 의로워진다는 말은 아닙니다. 제가 그분의 제자가 되는 여정에서 맹수들이 저를 도와주기를 빕니다. 저는 그 맹수들을 빨리 볼 수 있기를 기도합니다. 맹수들이 어떤 사람들에게는 겁을 먹어 달려들지 못하는 경우가 있다고 하지만, 그와는 달리 맹수들이 저를 재빨리 삼켜버리도록 제가 유인하겠습니다. 저를 용서해 주십시오. 무엇이 제게 유익한지 저는 알고 있습니다. 이제야 비로소 저는 제자가 되기 시작합니다. 보이는 것이나 보이지 않는 것이나 그 어떤 것도 저를 시기해서 방해하지 말기를 바랍니다. 불이나 십자가 또는 맹수들의 무리, 뼈를 비틀고 사지를 찢는 것, 온몸을 짓이기는 것, 악한 자의 잔인한 형벌, 이 모든 것이 저에게 오도록 내버려두십시오. 그렇게 함으로써만 제가 예수 그리스도를 만날 수 있습니다.[3]

주교로서 양들을 돌보기 위해 평생을 헌신했던 그가 죽음을 눈앞에 두고 비로소 주님의 제자가 되기 시작했다는 고백은 깊은 감동을 준다.

저를 맹수의 먹이가 되게 놔두십시오. 그것을 통해서 제가 하느님을 만날 수 있습니다. 저는 하느님의 밀이니 맹수의 이빨에 갈려서 그리스도의 깨끗한 빵이 될 것입니다. 오히려 맹수들을 유인하여 그들이 저의 무덤이 되게 하십시오. 또한 제가 죽었을 때 누구에게도 짐이 되지 않도록 맹수들이 제 몸의 어떤 부분도 남기는 일이 없게 해주십시오. 그리하여 세상이 저의 몸을 볼 수 없게 될 때 저는 참으로 예수 그리스도의 제자가 될 것입니다. 이런 과정을 거쳐 제가 하느님께 바치는 희생 제물이 될 수 있도록 저를 위해 그리스도께 간구해 주십시오.[4]

107년 10월 17일 로마에 도착한 이냐시오 성인은 그로부터 두 달 후인 12월 20일 로마의 원형극장에서 사자들의 밥이 되어 장렬히 순교했다. 신자들이 그의 유해 일부를 시리아의 안티오키아로 옮겼는데, 7세기에 그것은 다시 로마로 옮겨져 현재 성 클레멘스 성당에 안치되어 있다.

오늘날 로마 가톨릭교회는 그가 압송되어 로마에 도착한 날인 10월 17일을, 동방정교회에서는 그가 순교한 날인 12월 20일을 안티오키아의 성 이냐시오 주교 순교자 기념일로 지내고 있다.

약 이백여 년 전에 목숨을 바쳐 예수님을 증언하셨던 우리나라의 순교자들도 사도들과 초대교회 순교자들의 모습을 그대로 닮았다. 당시에는 순교를 '치명致命'이라고 했는데, 온갖 고문을 당하면서도 주님과 영원한 생명을 위해 목숨을 버린다는 의미로 사용된 말이다. 1839년에 순교한 복자 김대권 베드로는 법정에서 자신의 신앙을 이렇게 증언했다.

매를 맞아 죽는 한이 있더라도 우리 천주님을 배반할 수는 없습니다. 이러한 결심은 살과 뼈에 사무쳐 있어서, 사지를 자르면 그 하나하나에 이 결심이 배어있고, 뼈를 부수면 뼈 한 조각 한 조각에 그것이 그대로 남아있을 것입니다.

종교의 자유가 주어진 이 시대에 신앙생활을 하고 있는 우리는, 초대교회 신자들과 우리 순교 성인들처럼 피를 흘리고 순교할 일은 없겠지만, 날마다의 일상에서 예수님과 복음을 위해 백색 순교는 할 수 있다.

> 누구든지 내 뒤를 따라오려면, 자신을 버리고 날마다 제 십자가를 안고 나를 따라야 한다. 루카 9,23_필자 직역

'사도행전 산책' 시리즈 세 번째 책에서는 사도행전 6장에서 8장까지를 다루며, 예루살렘 초대교회가 매일의 식량 배급과 관련하여 발생한 문제를 해결하기 위해 뽑은 일곱 봉사자 이야기가 나온다. 봉사자 가운데 특히 스테파노가 최고 의회에서 했던 설교와 그의 순교, 그리고 또 한 명의 봉사자였던 필리포스가 사마리아와 에티오피아 내시에게 복음을 전한 이야기를 중점적으로 살펴보게 될 것이다.

미주

1장 베드로의 병자 치유와 복음 선포

1. 앤드류 C. 클라크, "사도의 역할", 하워드 마샬 편, 「사도행전 신학」(서울: 크리스챤출판사, 2010), 208-231, 특히 210; 아지스 페르난도, 「사도행전」(서울: 솔로몬, 2024), 162; Howard Marshall, *Acts*(Grand Rapids: Eerdmans, 1980), 87.
2. Joseph Fitzmyer, *The Acts of the Apostles*(New York: Doubleday, 1998), 309.
3. Daniel Marguerat, *The First Christian Historian: Writing the Acts of the Apostles*(Cambridge: Cambridge University Press, 2002), 130.
4. Maurice Casey, *From Jewish Prophets to Gentile God: The Origins and Development of New Testament Christology*(Louisville: Westminster John Knox, 1991), 27.
5. 「디다케」 8.1.
6. Darrell Bock, *Acts*(Grand Rapids: Baker Books, 2013), 160.
7. 이진희, 「유대적 배경에서 본 복음서」(서울: 컨콜디아사, 1997), 63.
8. Howard Marshall, *Acts*, 88.
9. Taylor Clark, *Nerve: Poise Under Pressure, Serenity Under Stress, and the Brave New Science of Fear and Cool*(New York: Little, Brown and Company, 2011), 100-101.

10. D. G. Dunn, *The Acts of the Apostles*(Valley Forge: Trinity Press International, 1996), 41.
11. F. F. Bruce, *The Book of the Acts*(Grand Rapids: Eerdmans, 1988), 78.
12. John Stott, *The Message of Acts: the Spirit, the Church & the World* (Downers Grove: IVP, 1990), 91.
13. 그리스어 성경에서 동사 형태가 수동태이고 그 동사의 주체가 따로 명시되어 있지 않으면 그 주체는 주님일 가능성이 크다. 그런 경우를 '신적 수동태'라고 한다.
14. 조셉 A. 피츠마이어, 「사도행전 주해」(왜관: 분도출판사, 2015), 407.
15. 루카가 이방인 출신이란 점은 그가 쓴 두 권의 책에서 '아멘'이란 히브리어 이외에는 다른 유다적 표현을 사용하지 않는다는 점에서 쉽게 알 수 있다. 또 학자들은 콜로 4,14을 포함한 성경 본문의 맥락 연구에 힘입어 루카가 이방인이었다는 사실에 동의한다. 콜로새 교회에 안부를 전하면서, 바오로는 4장 10-11절에 나오는 인물들, 아리스타르코, 마르코, 유스투스라고 하는 예수는 "할례받은 이들들"(콜로 4,11)로, 바오로는 할례받은 사람들 중에서도 그들에게서만 위안을 받았다고 말한다. 그리고 바오로는 이어서 에바프라스, 루카, 테마에 대해서 언급한다. 이들은 앞의 할례받은 유다계 그리스도인과 달리 이방인 출신 그리스도인들이다. 에파프라스는 콜로새 출신이니 당연히 이방인이다.(콜로 4,12) 만일 루카가 유다인이었다면 바오로는 그를 할례받은 이들 안에 넣었을 것이다. 만일 바오로가 실수로 루카의 이름을 앞의 그룹에 넣지 않았다면, 루카에게 큰 모욕이 될 수밖에 없다. 왜냐하면 바오로는 유다 그리스도인들 중에 자신에게 위안이 되었던 이들만을 언급했다고 하는데, 그 그룹에서 루카를 뺐기 때문이다. 게다가 유다 그리스도인 그룹에서 루카의 이름을 빼면서 "사랑

하는 의사 루카"(콜로 4,14)라고 부른다는 것은 일관성이 없다. 그러므로 루카는 유다계 그리스도인이 아니다.

16. D. Edmond Hiebert, *In Paul's Shadow: Friends & Foes of the Great Apostle*(Greenville: Bob Jones University Press, 1992), 57.
17. Suetonius, *De Vita Caesarum* I, 42.3.
18. 루돌프 슈테르텐브링크, 「하늘은 땅에서 열린다」(서울: 바오로딸, 2021), 194-195.
19. 김병삼, 「기도의 불을 켜라」(서울: 두란노, 2020), 115-116.
20. Robert W. Smith, "Solomon's Portico", *The Anchor Bible Dictionary*, vol. 6(New York: Doubleday, 1992), 113.
21. E. Haenchen, *The Acts of the Apostles*(Oxford: Basil Blackwell, 1971), 207; Jacob Jervell, *Die Apostelgeschichte*(Göttingen: Vanden-hoeck & Ruprecht, 1998), 165; John Stott, *The Message of Acts*, 91; 대럴 벅, 「사도행전」(서울: 부흥과 개혁사, 2018), 228-229; 브라이언 비커스, 「사도행전」(서울: 국제제자훈련원, 2019), 144.
22. 주님에게 '생명의 영도자'라는 칭호를 부여했던 것은, 그리스도 예수님이 먼저 죽음과 부활을 통해 충만한 생명을 누리시고 또 그 생명을 우리에게 베푸시는 분이시기 때문이다.
23. C. S, Lewis, *Mere Christianity*, 3.8.
24. 제임스 보이스, 「요한복음 강해설교 I」(서울: 크리스챤 다이제스트, 1986), 401.
25. 아우구스티노, 「설교집」 69.1.2.
26. 아빌라의 데레사, 「영혼의 성」 7.4.8.
27. 아우구스티노, 「서간집」 118.3.22.
28. ______, 「고백록」 6.6.9.

29. 같은 책, 1.1.1.

2장 감옥에 갇힌 베드로와 요한

1. 성전 경비대장은 성전의 치안과 질서 유지 외에도 날마다 거행되는 희생 제사를 책임지고 있었다. 요세푸스, 「유다 고대사」 20.131; Darrell Bock, *Acts*, 18 6; F. F. Bruce, *The Book of the Acts*, 89; C. K. Barrett, *A Critical and Exegetical Commentary on the Acts of the Apostles*, vol.1(Edinburg: T. & T. Clark, 1994), 218-219.
2. "티끌로 돌아갔던 대중이 잠에서 깨어나 영원히 사는 이가 있는가 하면 영원한 모욕과 수치를 받을 사람도 있으리라."(다니 12,2_공동번역 성서)
3. "사람들 눈에 의인들이 벌을 받은 것처럼 보일지라도 그들은 불멸의 희망으로 가득 차있다."(지혜 3,4_공동번역 성서) "의인들은 영원히 산다. 주님이 친히 그들에게 보상을 주시며, 지극히 높으신 분이 그들을 돌봐 주신다."(5,15_공동번역 성서)
4. "하느님께서 다시 일으켜 주시리라는 희망을 간직하고, 사람들 손에 죽는 것이 더 낫소. 그러나 당신은 부활하여 생명을 누릴 가망이 없소."(2마카 7,14)
5. John Polhill, *Acts*(Nashville: Broadman Press, 1992), 140; C. S. Keener, *Acts*, vol. 2(Grand Rapids: Baker, 2013), 1132.
6. Eckhard Schnabel, *Acts*(Grand Rapids: Zondervan, 2012), 235.
7. Karl Barth, *Epistle to the Philippian*(Richmond: John Knox Press, 1962), 120.
8. Margaret Clarkson, *Grace Grows Best in Winer*(Grand Rapids: Eerdmans, 1984), 21.

9. 다섯 아들의 대사제직 재위 기간은 다음과 같다. 엘르아살(16-17년), 요나탄(36-37년), 테오필로(37-41년), 마티아(43년), 아나누스(63년).
10. 1세기 유다 역사가 요세푸스는 한나스의 집안이 다른 대사제 집안들에 비해 가장 막강한 영향력을 행사한 집안이었다고 말한다. 헤로데 임금 때부터 이스라엘이 멸망하기까지 네 가문이 대사제직을 독식했다. 곧 보에투스(Boethus), 피아비(Phiabi), 킴히트(Kimhit) 그리고 한나스(Hannas) 가문이었다. 기원전 25년부터 70년까지 25명의 대사제가 있었는데, 그중 22명이 위의 네 가문에서 나왔고, 특히 한나스 가문에서 가장 많이 나왔다. 한나스와 그의 다섯 아들 그리고 사위가 이어서 대사제직을 수행했다.(요세푸스, 「유다 고대사」 20.198)
11. 이들이 구체적으로 언제 대사제직을 수행했는지에 대한 정확한 기록은 남아있지 않다.
12. 미쉬나 산헤드린 4.3.
13. 존자 베다, 「사도행전 해설」 3,14.
14. 요한 크리소스토모, 「로마서 강해」 15,37.
15. Ben Witherington, *The Acts of the Apostles: A Socio-Rhetorical Commentary*(Grand Rapids: Eerdmans, 1998), 195; Ajith Fernando, *Acts*(Grand Rapids: Zondervan, 1998), 153.
16. 대럴 벅, 「사도행전」, 255.
17. 사도행전 4장만 보면 베드로가 유다 최고 의회에서 구약성경을 인용했다는 증거는 안 나오지만, 그가 태생 불구자를 고친 다음 군중에게 구약성경을 인용해서 복음을 선포한 일(사도 3,18-25)을 생각하면, 최고 의회 앞에서도 구약 성경을 인용하며 예수님이 주님이심을 선포했을 것이라고 얼마든지 상정할 수 있다.

18. David Peterson, *The Acts of the Apostles*(Grand Rapids: Eerdmans, 2009), 194; N. T. Wright, *Acts for Everyone, Part one*(London: Westminster John Knox Press, 2008), 67.
19. Derek Thomas, *Acts*(Phillipsburg: P & R Publishing, 2011), 143.
20. Augustinus, *De praedestinatione sanctorum* 6.11.
21. 1사무 15,22-23; 예레 7,22-23; 2마카 7,2-4; Philo of Alexandria, *On the Life of Moses* II.15-17, Loeb Classical Library 289(Harvard Univ. Press, 1935), 467-469.
22. John Chrysostom, *In Acta Apostolorum Homiliae* 12.
23. 성 김대건 안드레아, 「성 김대건 안드레아 신부의 서한」, 성 김대건 신부 순교 150주년 기념 전기 자료집 제1집(서울: 한국교회사연구소, 1996), 373, 375.
24. Darrell Bock, *Acts*, 203; Joseph Fitzmyer, *The Acts of the Apostles*, 307; David Peterson, *The Acts of the Apostles*, 198; Eckhard Schnabel, *Acts*, 256.
25. David Peterson, *The Acts of the Apostles*, 199; Eckhard Schnabel, *Acts*, 256; 존 스토트, 「사도행전 강해」(서울: IVP, 2012), 111.
26. 시어도어 루즈벨트(Theodore Roosevelt) 대통령이 1910년 4월 23일 소르본대학교에서 한 연설.
27. David Peterson, *The Acts of the Apostles*, 203.
28. Gorden Fee, *God's Empowering Presence: The Holy Spirit in the Letters of Paul*(Peabody: Hendrickson, 1994), 720.
29. 이 말은 제2차 유다 전쟁(기원후 132-135년) 후 로마가 법률을 제정해 라삐들이 제자들을 더 이상 가르치지 못하도록 조치를 취하자 한 라삐가 한 말이다.

3장 공동체 내부의 시련

1. Williams Kurz, *Acts of the Apostles*(Ada: Baker Academic, 2014), 93; D. G. Dunn, *The Acts of the Apostles*, 59.
2. 오늘날 우리가 보고 있는 사도행전 4장 36-37절은 원래 사도행전 5장 1-2절이 되어야 했다. 그런데 15세기에 절(verse)을 구분할 때 실수를 했던 것이다. 애초의 신약성경은 장(chapter)과 절(verse)의 구분이 없었던 것은 물론이요 띄어쓰기조차 없었다. 띄어쓰기는 10세기에 들어와서야 생겼고, 장의 구분은 13세기에 이뤄졌고, 절의 구분은 16세기에 이뤄졌다. 신약성경이 성령의 영감으로 쓰인 것은 분명한 사실이지만, 띄어쓰기나 장과 절의 구분은 사람들이 한 것이며, 그들이 작업을 하는 과정에서 군데군데 실수도 있었을 것이다. 그중 하나가 지금 우리가 보고 있는 본문이다.
3. C. S. Lewis, 1952년 11월 8일 Mrs. Johnson에게 보낸 편지.
4. 시탄 또는 악마는 성경에서 루치펠, 베엘세불, 늙은 뱀, 붉은 용 등으로 불리기도 한다.
5. Joseph Fitzmyer, *The Acts of the Apostles*, 323; John Stott, *The Message of Acts*, 112; David Peterson, *The Acts of the Apostles*, 210; Derek Thomas, *Acts*, 94; R. Kent Hughes, *The Church Afire*(Wheaton: Crossway: 2014), 75
6. R. Wall - N. T. Wright - J. P. Sampley, *The New Interpreter's Bible*, vol. 10(Nashville: Abingdon Press, 2002), 98.
7. 富與貴 是人之所欲也 不以其道得之 不處也(부여귀 시인지소욕야 불이기도득지 불처야).
8. 富而可求也 雖執鞭之士 吾亦爲之 如不可求 從吾所好(부이가구야 수집편지사 오역위지 여불가구 종오소호).

9. 대 그레고리오, 「욥기의 도덕적 해설」 31.45.
10. William Cavanaugh, *Being Consumed: Economics and Christian Desire* (Grand Rapids: Eerdmans, 2008), 52-53.
11. 제니스 캐플런, 「감사하면 달라지는 것들」(서울: 위너스북, 2016), 157-159.
12. 랜디 알콘, 「돈, 소유, 영원」(서울: 토기장이, 2014), 506-507.
13. Augustine, *The Augustine Catechism: The Enchiridion on Faith, Hope, and Love*(Hyde Park: New City Press, 1999), 130.
14. 아우구스티노, 「고백록」 13.8.9.
15. David Peterson, *The Acts of the Apostles*, 210.
16. Joseph Fitzmyer, *The Acts of the Apostles*, 323-324; 대럴 벅, 「사도행전」, 289; Eckhard Schnabel, *Acts*, 491-492.
17. J. Duncan - M. Derrett, *"Ananias, Sapphira and the Right of Property"*, Studies in the New Testament, vol. 1(Leiden: Brill, 1977), 93-100, esp. 98; 유상섭, 「나의 사랑하는 책 사도행전」(서울: 성서유니온, 2017), 196.
18. F. F. Bruce, *The Book of the Acts*, 107.
19. "훔치지(νοσφιζομένους) 말고, 늘 온전한 성실성을 보여, 우리 구원자이신 하느님의 가르침을 빛내게 하십시오."(티토 2,10)
20. 헤로데 아그리파스도 하느님의 심판을 받았다. 그가 화려한 용포를 걸치고 연설하자 사람들이 그를 향해 '이것은 사람의 소리가 아니라 신의 소리다'라고 아부한다. 그러자 하느님께 드릴 영광을 가로챈 그를 주님의 천사가 곧바로 내리쳤고, 그는 결국 벌레들에게 먹혀 숨을 거둔다.(사도 12,21-23 참조)
21. 성서학자 프레드릭 F. 브루스는 사도행전에서 하나니아스와 사피라

부부의 역할은 여호수아서에서 아칸의 역할과 같은 것으로 본다. F. F. Bruce, *The Book of the Acts*, 110.

22. 그 외에도 예레 5,21; 18,11; 25,5; 35,15 참조.
23. 존자 베다, 「사도행전 해설」 5.
24. Origen, *Homiliae in Acta Apostolorum (fragm.)* 5.
25. Darrell Bock, *Acts*, 221.
26. Douglas S. Huffman, *The Story of Jesus Continues: A Survey of the Acts of the Apostles*(Grand Rapids: Zondervan, 2025), 249; David Peterson, *The Acts of the Apostles*, 213.
27. John Chrysostom, *In Acta Apostolorum Homiliae* 13.
28. 유상섭, 「나의 사랑하는 책 사도행전」, 199.
29. 아우구스티노, 「설교집」 148.1.
30. 성 바오로 6세 교종, 1972년 11월 15일 일반 알현 때 한 연설.
31. 프란치스코 교종, 2013년 10월 11일 성녀 마르타의 집 미사 강론.
32. 오리게네스, 「여호수아기 강해」 5.
33. C. S. 루이스, 「스크루테이프 편지」(서울: 열린, 2002), 16.
34. Evagrius Ponticus, *The Praktikos. Chapters on Prayer*(trans. John Eudes Bamberger), Cistercian Studies Series 4, (Spencer: Cistercian Publications, 1970).
35. 아타나시우스, 「안토니오의 생애」 91.3.
36. Ben Witherington, *The Acts of the Apostles*, 215.
37. Bernad Kollmann, Joseph Barnabas: *His Life and Legacy*(Collegeville: Liturgical Press, 2004), 61.
38. 오스왈드 샌더스, 「제자와 헌신생활」(서울: 생명의 말씀사, 1992), 29.
39. 조광호, 「꽃과 별과 바람과 시」(서울: 샘터, 2007) 96-99.

4장 감옥에 갇힌 열두 사도

1. William Barclay, *The Acts of the Apostles*(Philadelphia: Westminster Press, 1976), 대럴 벅, 「사도행전」, 306.
2. 가말리엘 1세의 활동 연대는 25-50년 경이고 그의 손자였던 가말리엘 2세는 90년경에 활동했다.
3. *Sotah 49; Baba Kamma* 83.
4. *Sotah* 9.15.
5. Johannes Munck, *The Acts of the Apostles*(New York: Doubleday, 1981), 48; N. T. Wright, *Acts for Everyone*, 90-95; C. S. Keener, *Acts*, 1222; B. J. Malina - J. J. Plich, *Social-science Commentary on the Book of Acts*(Minneapolis: Fortress Press, 2008), 54.
6. 사도행전에서 비그리스도인이 한 두 번째 연설은 아카이아의 총독인 갈리오의 연설이다.(18,13-15) 세 번째는 서기관의 연설이고(19,35-40), 네 번째는 테르틸로스의 연설이다.(24,2-8)
7. 퀴리누스 총독이 첫 번째로 시행한 인구조사는 기원전 6년에서 기원전 4년 사이에 있었다.
8. 1세기 유다 역사가 요세푸스는 「유다 고대사」에서 테우다스에 대해 이렇게 기록한다. "파두스가 유다의 총독이던 시절(기원후 44-46년 재임), 테우다스라는 사기꾼이 등장해 다수의 군중을 설득해 재산을 버리고 그를 따라 요르단강으로 오게 했다. 그는 자신이 예언자며 자신이 명령하면 요르단강이 갈라져 쉽게 건널 수 있는 길이 생길 것이라고 호언했다. 이런 식으로 그는 많은 이를 속였다. 파두스는 이를 방관하지 않고 기병대를 보내어 많은 사람을 더러는 죽이고 더러는 생포하여 노예로 삼기도 했다. 테우다스도 붙잡혀 참수형을 당했으며, 그 머리는 예루살렘으로 보내졌다.(「유다 고대사」 20.5.1)

9. 요한 크리소스토모, 「사도행전 강해」 5.33-39.
10. Luke Timothy Johnson, *The Acts of the Apostles*(Collegeville: Liturgical Press, 1992), 102-103; John Stott, *The Message of Acts*, 118; G. C. Berkouwer, *The Providence of God*(Grand Rapids: Eerdmans, 1952), 172-174; Osvaldo Padilla, *The Speeches of Outsiders in Acts: Poetics, Theology, and Historiography*(Cambridge: Cambridge University Press, 2011), 128; A. Marclaren, *Expositions of Holy Scripture: The Acts of the Apostles*(London: Hodder & Stoughton, 1907), 199-204; R. P. Thompson, *"Believers and Religious Leaders in Jerusalem: Contrasting Portraits of Jews in Acts 1-7"* in *Literary Studies in Luke-Acts:* (Macon: Mercer Univsersity Press, 1998), 327-344; Donald Gurthrie, *The Apostles*(Grand Rapids: Zondervan, 1981), 53-54; David Peterson, *The Acts of the Apostles*, 224. 226.
11. Darrell Bock, *Acts*, 238; David Peterson, *The Acts of the Apostles*, 224.
12. James M. Boice, *Acts: An Expositional Commentary*(Grand Rapids: Baker Books, 2006), 110.
13. Ajith Fernando, *Acts*, 217.
14. Darrell Bock, *Acts*, 252; French L. Arrington, *The Acts of the Apostles: An Introduction and Commentary*(Peabody: Hendrickson Publishers, 1988), 63.
15. 요한 크리소스토모, 「사도행전 강해」 2.13.
16. ______, 「마태오복음 강해」 88,1.
17. 폴리카르푸스, 「편지와 순교록」(왜관: 분도출판사, 2000), 149-151.
18. 같은 책, 165-167.
19. 순교자 유스티노, 「유다인 트리폰과의 대화」 110.4.

20. 테르툴리아누스, 「호교론」(왜관: 분도출판사, 2021), 220-221.

글을 마치며

1. Gustave Bardy, *La conversion au christianisme durant les premiers siècles*(Paris: Aubier, 1949), 170.
2. Dietrich Bonhoeffer, *The Cost of Discipleship*(New York: Macmillan, 1967), 99.
3. 이냐시오스, 「일곱 편지」(왜관: 분도출판사, 2000), 89.
4. 같은 책, 87.

사람에게 순종하는 것보다

하느님께 순종하는 것이

더욱 마땅합니다

사도 5,29